GUÍA S.O.S. PARA OBSESIVOS COMPULSIVOS

Cómo Revertir Hábitos Obsesivos Compulsivos (TOC) y Recuperar tu Vida

KEITH SPRAGGINS

© Copyright 2022 – Keith Spraggins - Todos los derechos reservados.

Este documento está orientado a proporcionar información exacta y confiable con respecto al tema tratado. La publicación se vende con la idea de que el editor no tiene la obligación de prestar servicios oficialmente autorizados o de otro modo calificados. Si es necesario un consejo legal o profesional, se debe consultar con un individuo practicado en la profesión.

- Tomado de una Declaración de Principios que fue aceptada y aprobada por unanimidad por un Comité del Colegio de Abogados de Estados Unidos y un Comité de Editores y Asociaciones.

De ninguna manera es legal reproducir, duplicar o transmitir cualquier parte de este documento en forma electrónica o impresa.

La grabación de esta publicación está estrictamente prohibida y no se permite el almacenamiento de este documento a menos que cuente con el permiso por escrito del editor. Todos los derechos reservados.

La información provista en este documento es considerada veraz y coherente, en el sentido de que cualquier responsabilidad, en términos de falta de atención o de otro tipo, por el uso o abuso de cualquier política, proceso o dirección contenida en el mismo, es responsabilidad absoluta y exclusiva del lector receptor. Bajo ninguna circunstancia se responsabilizará legalmente al editor por cualquier reparación, daño o pérdida monetaria como consecuencia de la información contenida en este documento, ya sea directa o indirectamente.

Los autores respectivos poseen todos los derechos de autor que no pertenecen al editor.

La información contenida en este documento se ofrece únicamente con fines informativos, y es universal como tal. La presentación de la información se realiza sin contrato y sin ningún tipo de garantía endosada.

El uso de marcas comerciales en este documento carece de consentimiento, y la publicación de la marca comercial no tiene ni el permiso ni el respaldo del propietario de la misma.

Todas las marcas comerciales dentro de este libro se usan solo para fines de aclaración y pertenecen a sus propietarios, quienes no están relacionados con este documento.

Índice

Introducción	vii
1. ¿Qué Es El Trastorno Obsesivo Compulsivo (Toc)?	1
2. Datos Sobre El Trastorno Obsesivo Compulsivo	5
3. ¿Cómo Identificar El Toc?	9
4. Causas Del Toc	15
5. Síntomas Del Toc	19
6. ¿Cómo Lidiar Con La Ansiedad Asociada Al Toc?	25
7. ¿Cuáles Son Las Posibilidades De Que De Verdad Lo Tengas?	29
8. Pasos Para Superar El Trastorno Obsesivo Compulsivo	33
9. Pasos Para Controlar Tus Obsesiones	41
10. Afrontando El Toc O El Trastorno Obsesivo Compulsivo	45
11. Programa De Trastorno Obsesivo Compulsivo - Detalles Y Técnicas	55
12. Tratamientos Psicológicos Para El Toc	59
13. Tratamiento Del Trastorno Obsesivo Compulsivo Natural	65
14. Opciones De Tratamiento Del Trastorno Obsesivo Compulsivo	69
15. Terapia Conductual Cognitiva	85
16. Consejos Para Controlar El Toc	135
Conclusión	159

Introducción

Millones de personas en todo el mundo sufren de Trastorno Obsesivo Compulsivo (TOC). El TOC es un trastorno complejo basado en la ansiedad que tiene dos elementos, obsesiones y compulsiones. Desafortunadamente para algunos, los síntomas experimentados no terminan ahí.

"El TOC a veces va acompañado de depresión, trastornos alimenticios, trastorno por abuso de sustancias, un trastorno de personalidad, trastorno por déficit de atención u otro de los trastornos de ansiedad", afirma el Instituto Nacional de la Salud Mental. "Los trastornos coexistentes pueden hacer que el TOC sea más difícil tanto de diagnosticar como de tratar".

Las obsesiones son ideas o pensamientos relacionados u obsesionados con la necesidad excesiva de limpieza o de prevención de la contaminación por una u otra sustancia, que en la mente de quien las padece, en un principio parece racional. Sin embargo, aquellos que no padecen la enfermedad pueden ver claramente la irracionalidad de sus obsesiones o miedos.

Algunas personas son más pulcras y más ordenadas que otras de forma natural, pero alguien que sufre de trastorno obsesivo compulsivo lleva la pulcritud al siguiente paso, hasta un grado extremo. Una persona que sufre este trastorno, pasará muchas horas ordenando, limpiando, comprobando y volviendo a comprobar que los objetos estén limpios, hasta el punto de que interfiere con su vida cotidiana.

Una obsesión es un pensamiento, idea o imagen recurrente que, aunque no tiene mucho sentido, seguirá invadiendo tu mente. Un ejemplo, puede ser la idea de dejar la puerta abierta, la persona reconoce este miedo como irracional pero no puede sacarlo de su mente, por lo tanto, verifica y vuelve a verificar repetidamente que la puerta esté cerrada.

Una compulsión es el ritual que se realiza para disipar la ansiedad provocada por la obsesión. Un ejemplo sería lavarse las manos continuamente para descartar el miedo a estar sucio o contaminado. Te das cuenta de que este ritual no es razonable, pero te sientes obligado a llevarlo a cabo para evitar la ansiedad asociada con la compulsión.

Las obsesiones pueden ocurrir independientemente de las compulsiones, se cree que alrededor del 25 por ciento de los pacientes sólo lucharán con las obsesiones, por lo que el miedo está ahí pero no se sienten obligados a realizar el ritual para liberarse de la ansiedad.

Introducción

La más común de las compulsiones sería el ritual del lavado de manos.

Estaría continuamente preocupado por evitar cualquier contaminación, tanto que evitaría entrar en contacto con cualquier cosa asociada con la suciedad o los gérmenes, un ejemplo aquí sería estrechar la mano de alguien o incluso tocar la manija de una puerta. Literalmente, podrías pasar horas lavándote las manos para reducir tu ansiedad por la contaminación.

Se cree que las mujeres son más propensas a ser compulsivas con la limpieza, pero los hombres superan en número a las mujeres cuando se trata de revisar y volver a revisar artículos, como en el ejemplo de verificar repetidamente si una puerta está cerrada con llave.

El trastorno obsesivo-compulsivo suele ir acompañado de depresión y, en algunos casos, también puede convertirse en una evitación fóbica, por ejemplo, una persona que lo sufre evitará por completo los baños públicos.

El comportamiento obsesivo-compulsivo se consideró en un momento un trastorno raro, pero estudios recientes han demostrado que el cuatro o el cinco por ciento de la población mundial puede sufrir este trastorno en cierto grado.

Es importante que cualquier persona que tenga un trastorno obsesivo compulsivo se dé cuenta de que no tiene nada que ver con estar loco o tener una forma de locura. Reconoce que lo que está haciendo es irracional y está muy

Introducción

frustrado porque no puede controlar sus pensamientos y acciones.

Los estudios han demostrado que aproximadamente la mitad de todos los trastornos obsesivo-compulsivos en realidad comienzan en la infancia y la mayoría de los casos restantes se desarrollan en la vida adulta temprana, un número bastante pequeño de casos aparecerá en la edad adulta.

La causa del trastorno obsesivo-compulsivo no está clara, pero existe alguna evidencia de que una deficiencia de serotonina puede estar asociada con este trastorno. Esta línea de pensamiento se debe al hecho de que algunos pacientes mejoran cuando se les recetan medicamentos que aumentan los niveles de serotonina.

1

¿Qué Es El Trastorno Obsesivo Compulsivo (Toc)?

EL TRASTORNO OBSESIVO COMPULSIVO, también conocido como TOC, es un trastorno real del cerebro y las tendencias conductuales de una persona. Como sugiere su nombre, hay dos componentes conductuales principales en el TOC: obsesiones y compulsiones, y ambos interfieren con actividades importantes que las personas valoran en su vida diaria.

Alguien con este trastorno está atrapado en una sensación de falsa ansiedad y miedo irracional. La ansiedad en sí misma es la forma en que el cerebro desencadena una respuesta emocional que le dice al cuerpo que se proteja, responda y reaccione ante un peligro, que en este caso no existe.

¿Qué es la obsesión?

. . .

Decir que estás obsesionado con algo es una frase común que ha perdido parte de su potencia.

Las obsesiones reales son pensamientos, imágenes o impulsos que se repiten constantemente y hacen que alguien se sienta incapaz de evitarlos. La mayoría de las veces, las personas que experimentan TOC se dan cuenta de que su ansiedad no tiene sentido y no quieren experimentar sus pensamientos y ansiedad.

Estas obsesiones suelen ir acompañadas de varias emociones muy intensas, como el miedo y el asco, y las víctimas sienten que las cosas se tienen que hacer siempre correctamente, lo que a menudo lo que tiene a ser una pérdida de tiempo muy grande.

Aunque las personas sin trastorno obsesivo compulsivo pueden experimentar obsesiones, estas obsesiones no son debilitantes ni alteran la vida. Alguien que sufre de este trastorno experimentará pensamientos frecuentes e intrusivos que pueden enfermarlos de preocupación o hacerles incapaces de concentrarse en una tarea específica.

¿Qué es la compulsión?

Las compulsiones son el segundo trastorno del comportamiento y son comportamientos repetitivos o recurrentes que las víctimas experimentan como una forma de neutralizar o contrarrestar sus obsesiones debilitantes.

La compulsión es una forma de autocontrolar los sentimientos de ansiedad obsesiva que experimentan, y aunque estos pacientes se dan cuenta de que la compulsión no es una solución a sus problemas, sienten que pueden escapar temporalmente de sus problemas completando su compulsión.

No todas las compulsiones o procesos repetitivos son malos, como desarrollar una rutina a la hora de acostarse o aprender una nueva habilidad. Sin embargo, la mayoría de las veces, cuando las compulsiones cambian de positivas y funcionales a debilitantes y que consumen demasiado tiempo, alguien con TOC se siente impulsado a completar su ritual compulsivo y luego se siente abrumado e impotente.

Por lo general, alguien que experimenta un trastorno obsesivo compulsivo se verá impulsado a participar en rituales específicos que consumen mucho tiempo y que preferiría no tener que hacer.

Las personas a menudo se sienten atrapadas en sus situaciones cotidianas, preocupándose constantemente por si se quedarán atrapadas en una situación que les provoque ansiedad y se vean obligadas a completar un comportamiento compulsivo para ayudarlos a sobrellevar la situación.

2

Datos Sobre El Trastorno Obsesivo Compulsivo

El trastorno obsesivo compulsivo es una condición de salud mental que padece alrededor del 2% de la población general. En esta publicación, comprenderá uno de los datos más interesantes sobre el TOC.

1. Proviene de la ansiedad: el trastorno obsesivo compulsivo se clasifica como un trastorno de ansiedad, según el Instituto Nacional de Salud Mental.

2. Es disruptivo: como la mayoría de los trastornos de ansiedad, el trastorno obsesivo compulsivo trae consigo una incapacidad importante para la persona que padece esta enfermedad. Según el Instituto Nacional de Salud Mental, el TOC se caracteriza no sólo por pensamientos obsesivos e intrusivos, sino también por compulsiones rituales.

. . .

Las compulsiones están destinadas a paliar la ansiedad de las obsesiones, pero esto acaba convirtiéndose en un círculo vicioso. Las compulsiones sólo proporcionan un alivio temporal del nerviosismo, por lo que deben realizarse con regularidad. En cierto modo, la persona acaba regida por estos rituales.

3. Es más común de lo que crees: el TOC afecta a casi 2.2 millones de adultos estadounidenses cada año. Además, afecta a niños y adolescentes. Según algunos estudios, casi un millón de pequeños padecen TOC cada año. De hecho, los síntomas del TOC generalmente comienzan en la niñez y continúan hasta la pubertad y la edad adulta.

4. Comienza en una edad temprana: el inicio del TOC entre adultos con el trastorno en el 50% de los casos reportados es antes de los 15 años. De hecho, en el 2% de los casos, la edad de inicio fue entre los 7 y los 12 años. Los niños pequeños pueden desarrollar TOC.

5. Puede ser hereditario: casi el 20 por ciento de los niños que desarrollan TOC tienen un familiar que también tiene la afección.

6. Puede ser biológico: la investigación ha demostrado que el TOC puede tener raíces bioquímicas. En relación con el TOC, el cerebro de una persona con TOC funciona de

manera diferente al cerebro de un adulto normal. Algunos estudios han demostrado que el neurotransmisor de serotonina también puede desempeñar un papel importante en el trastorno.

7. Lavarse las manos no es el único hábito compulsivo: uno de los hechos extremadamente fascinantes sobre el TOC es que evolucionó de manera diferente en diferentes personas. Hay muchos otros tipos de comportamientos compulsivos, que incluyen:

La comprobación: que implica mirar repetidamente para asegurarse de que ha cerrado la puerta o apagado el horno.

El acaparamiento: que es la acumulación de recursos comúnmente ineficaces, como periódicos viejos.

Limpieza obsesiva: como limpiar constantemente una casa que no está sucia.

8. Es incontrolable: si conoces a alguien que esté afectado por un trastorno obsesivo compulsivo tú puedes pensar que tienen una opción en el asunto. Por lo general, es posible que te encuentres pensando: "¿Por qué no se detienen?"

. . .

De hecho, la persona simplemente no es capaz de regular su comportamiento. En algún nivel, probablemente noten la inutilidad de sus acciones, pero la compulsión de ejecutar el acto es simplemente demasiado fuerte para resistir.

9. Es variable: una verdad interesante sobre el trastorno obsesivo compulsivo es que el curso de la disfunción puede cambiar.

Para algunas personas, los problemas pueden reducirse con el tiempo. Para otras personas, empeorarán. Aún otros pueden ver cero cambios en cualquier aspecto.

10. Es curable: el trastorno obsesivo compulsivo a menudo se trata de manera competente con una variedad de psicoterapia y medicamentos basados en la exposición. La terapia basada en la exposición se centra en exponer lentamente a cualquier persona a sus preocupaciones, en condiciones controladas, hasta que finalmente deje de temer a los estímulos que provocan ansiedad.

3

¿Cómo Identificar El Toc?

El cliché dice: "Un lugar para cada cosa y cada cosa en su lugar". Es un pensamiento originalmente destinado a facilitar la búsqueda de artículos. El comportamiento obsesivo-compulsivo lo lleva un paso más allá. Cada elemento debe estar en su lugar exacto. Este comportamiento se extiende desde la limpieza personal y la orientación de los objetos hasta el espacio vital y el entorno natural.

Las personas que se ponen ansiosas porque el feng está fuera del shui, pueden seguir a otros recogiendo su desorden en el camino, o sentir compulsiones hacia la limpieza en cada área de la vida, tienen un comportamiento obsesivo-compulsivo.

Este trastorno de ansiedad provoca pensamientos o miedos repetitivos exagerados que no tienen base en la razón o la lógica.

. . .

Cuando el comportamiento obsesivo-compulsivo se intensifica hasta el punto de irritar a quienes interactúan con esta persona, es hora de buscar tratamiento. Se convierte en un trastorno obsesivo compulsivo, uno de varios trastornos de ansiedad generalizada.

El comportamiento obsesivo-compulsivo que es notable incluye:

- Lavarse las manos muchas veces.
- Preocupación por contaminarse.
- Miedo a portarse mal.
- Repetición de frases, números, líneas de canciones para aliviar la ansiedad.
- Necesidad de orden y simetría.
- Acaparamiento de objetos o dinero.

El humor de todo

Si bien los terapeutas profesionales tuvieron cuidado al hablar sobre la representación de los trastornos de ansiedad en la televisión y en las películas, el resto de nosotros difícilmente podíamos contener las carcajadas provocadas por tantos programas tanto en el formato cinematográfico como en el televisivo.

· · ·

El comportamiento obsesivo-compulsivo avanza lentamente hasta el punto en que puede interferir con las actividades normales de la vida.

El popular espectáculo en una plataforma digital retrata a un hombre con una concentración obsesiva en la muerte de su esposa. Sus miedos incluyen la mayoría de las actividades o eventos y demasiadas fobias para contar. Él también tiene un cuidador/entrenador de vida permanente a su lado la mayor parte del tiempo.

También practica algunos comportamientos compulsivos absurdos, como limpiarse las manos inmediatamente después de tocar cualquier cosa y siempre arregla su casa y muestra su decoración "correctamente" después de que un visitante toca cualquiera de sus piezas.

El TOC y la conciencia sutil

En realidad, los dos programas pueden haber ayudado a las personas con trastorno obsesivo-compulsivo al llamar la atención del público sobre el trastorno. El mismo personaje enfatiza la importancia del tratamiento eligiendo a un terapeuta para él. Se reunían para sesiones de terapia bastante a menudo durante la semana. El resultado esperanzador fue siempre que él volviera a trabajar como detective de policía.

· · ·

Alternativamente, existía otro personaje de otra serie que tenía una carrera en publicidad, pero su comportamiento obsesivo-compulsivo aparentemente no era lo suficientemente grave como para que un terapeuta se uniera al elenco. Era solo una gran irritación, perfeccionista y completo dolor en el trasero para Oscar. Ambas series destacan la importancia de una carrera y un lugar de trabajo interactivo.

La vida con un trastorno obsesivo-compulsivo

Mantener los pisos tan limpios que los visitantes puedan comer en ellos o exhibir trofeos o chucherías en un patrón particular no indica un trastorno obsesivo-compulsivo.

El trastorno obsesivo-compulsivo provoca una mala calidad de vida de la persona que lo padece. La angustia y la falta de control sobre el comportamiento obsesivo compulsivo también pueden conducir a la depresión. El comportamiento obsesivo-compulsivo puede hacerse cargo de su propia existencia. Pasas el día obsesionado con las cosas que hacen que comiences las acciones compulsivas.

Las múltiples sesiones de terapia ocupan otra parte del día. No hay posibilidad de mantener un trabajo o ejercer dentro de tu profesión. Finalmente, está el juego de la culpa. El juego se desarrolla cuando comienzas a culpar a uno o todos los siguientes:

. . .

Antecedentes familiares: los padres, hermanos o generaciones anteriores con trastorno obsesivo-compulsivo pueden aumentar su riesgo.

El estrés: la reacción intensa al estrés puede traer los pensamientos y comportamientos obsesivos en primer plano.

Embarazo: se desconoce el "por qué", pero los pensamientos obsesivos de dañar al nuevo bebé pueden ser el desencadenante de comportamientos compulsivos.

Biología: podría ser genético o tal vez un cambio en los niveles químicos naturales del cuerpo (como la serotonina).

4

Causas Del Toc

Comprender los factores desencadenantes o las causas del trastorno obsesivo compulsivo (TOC) es esencial porque este trastorno es más difícil de manejar una vez que afecta a un individuo. A veces, hay algunas causas de los trastornos que se pueden controlar antes de la aparición del trastorno.

Es igualmente importante comprender las diversas causas de un trastorno porque las causas no son las mismas para todos los enfermos. El manejo puede ser diferente para el paciente que ha adoptado el trastorno de su familia, mientras que para el que ha desarrollado el mismo trastorno después de enfrentar circunstancias familiares estresantes puede ser de otra forma.

El trastorno obsesivo compulsivo ocurre a una edad temprana y, en ocasiones, no se diferencia del comportamiento ritualista normal de los niños. El trastorno se vuelve obstinado hasta el momento en que se diagnostica.

Para este tipo de trastornos, es preferible localizar las causas del trastorno en aras de la prevención.

Hay diferentes factores precipitantes del TOC, y discutiré cada uno de ellos, por separado.

1). Causas biológicas / fisiológicas. En primer lugar, en la mayoría de los casos de trastorno obsesivo compulsivo, podemos encontrar una base biológica del trastorno. Los datos empíricos han demostrado que los individuos con TOC tienen familiares de primer grado con el mismo trastorno.

La idea de la base biológica del trastorno se ve reforzada por la comorbilidad del síndrome de Tourette y el TOC, que muestra que los factores neurológicos que causan el síndrome de Tourette también están involucrados en el TOC. Las imágenes cerebrales de personas que padecen TOC demuestran anomalías en la estructura de los ganglios basales.

Esta es la estructura del cerebro que se encuentra debajo de la corteza cerebral. A veces, los anticuerpos reaccionan con las células estreptocócicas y producen inflamación en las células de los ganglios basales. Esta reacción puede producir síntomas obsesivos compulsivos en un individuo.

Según los investigadores, el circuito de preocupación en el cerebro parece estar involucrado en la causa del trastorno obsesivo compulsivo.

El circuito de preocupación es un conjunto de neuronas que produce señales de peligro y advierte a un individuo en previsión de una situación amenazante. Se plantea la hipótesis de que este circuito envía constantemente mensajes de amenaza y demandas de atención urgente.

Esta condición lleva eventualmente a la obsesión y al comportamiento compulsivo. La serotonina es el neurotransmisor que está involucrado en el comportamiento obsesivo compulsivo.

Los niveles más bajos de serotonina en el cerebro pueden producir obsesiones y compulsiones en un individuo. Se trata de causas biológicas o fisiológicas del trastorno obsesivo compulsivo.

2). El reforzamiento. El refuerzo negativo estabiliza los patrones compulsivos. Los individuos se entregan a actividades compulsivas porque estas actividades reducen sus ansiedades mentales.

Una vez, el individuo sabe que la realización de alguna conducta reducirá su ansiedad; él tiene el hábito de realizar esos comportamientos. Los psicólogos desde la perspectiva del aprendizaje siguen estrictamente sus puntos de vista sobre el papel del refuerzo en el desarrollo de diferentes trastornos.

3). Causas sociales. El elemento de prevención se vuelve significativo cuando hablamos de causas sociales.

Algunos factores sociales tienen el potencial de inducir obsesiones y compulsiones en un individuo.

Por ejemplo, el abuso sexual infantil es el factor que puede producir un comportamiento obsesivo compulsivo en un individuo.

La negligencia de los padres durante la infancia también puede causar TOC. Cualquier evento traumático que tenga el potencial de inducir niveles más altos de ansiedad puede clasificarse entre las causas del trastorno obsesivo compulsivo.

5

Síntomas Del Toc

El trastorno obsesivo compulsivo (TOC) consta de dos partes. Si deseas comprender los síntomas del trastorno obsesivo compulsivo, debes comprender completamente ambas partes. La primera parte del TOC contiene obsesión mientras que la segunda parte consiste en compulsiones. Ahora, elaboraré por separado ambas partes.

1). Las obsesiones. Las obsesiones son malos pensamientos de una persona con características particulares. Estos pensamientos no son pensamientos normales, sino que son indeseables, penetrantes y aparecen una y otra vez en la mente de uno.

Esta es la parte que se relaciona con la mente de una persona y ninguna otra persona puede verla. Solo la víctima sabe acerca de sus obsesiones, mientras que otros pueden saber a través de su comportamiento manifiesto o verbalizaciones.

Cada vez que estos pensamientos golpean la mente de uno, producen ansiedad como el pensamiento de que uno tiene las manos sucias. Cada vez que este pensamiento venga a la mente de uno, la persona comenzará a sentir que sus manos están sucias y que debe lavarlas.

2). Compulsiones. Las compulsiones son conductas repetitivas y de patrón fijo. Una persona siente impulso para realizar estos comportamientos. Hemos visto que cuando las obsesiones entran en la mente, producen ansiedad.

Al pensar que las manos están sucias, uno se pone ansioso y se siente obligado a lavarse las manos para reducir esa ansiedad.

Las obsesiones golpean la mente repetidamente, produciendo ansiedad mental. Como consecuencia, la persona realiza comportamientos particulares repetidamente para deshacerse de la ansiedad.

A veces, las personas son demasiado conscientes de ciertas cosas. Por ejemplo, puede haber una persona que sea demasiado consciente de su higiene. Puede lavarse las manos varias veces durante el día.

Los psicólogos diagnostican el trastorno obsesivo compulsivo cuando estos síntomas toman la forma de un comportamiento ritualista y comienzan a interferir en el funcionamiento diario de la persona.

Una persona con trastorno obsesivo compulsivo puede llegar una o dos horas tarde a la oficina porque estaba ocupada lavándose las manos.

Hay diferentes tipos de obsesión, como la preocupación por los gérmenes, los sucesos terribles (muerte, fuego), el perfeccionismo, las preocupaciones religiosas, los números de la suerte o la mala suerte, los impulsos sexuales y de agresión y las cosas de contar.

Las compulsiones pueden incluir lavarse las manos y bañarse en exceso, comprobar (puertas, cerraduras, frenos de emergencia), tocar, ordenar/arreglar cosas una y otra vez, contar, limpiar la casa y rituales diversos (escribir, hablar, moverse), etc. de uno o más síntomas del trastorno obsesivo compulsivo simultáneamente.

. . .

Las víctimas saben que sus pensamientos están enfermos y sus comportamientos son inapropiados. En algunos de los casos, los niños abandonan sus escuelas, porque su obsesión por la limpieza los obliga a salir del aula e ir a lavarse las manos.

Generalmente, los enfermos piensan que su comportamiento de tics o rituales (compulsiones) les impedirá tener obsesiones. Estas compulsiones reducen su ansiedad mental por un breve período de tiempo, pero siguen experimentando obsesiones.

Los comportamientos repetitivos son observables en niños pequeños normales.

A veces, se vuelve difícil distinguir entre el comportamiento repetitivo normal y el comportamiento compulsivo puro.

Por lo general, se puede diagnosticar cuando crecen y, este es el momento en que sus compulsiones se vuelven firmes. Hay alguna diferencia entre el inicio del trastorno entre hombres y mujeres.

Los hombres desarrollan este trastorno a una edad promedio de nueve años, mientras que las mujeres se desarrollan a una edad promedio de once años. Además, los niños se ven más afectados por la compulsión si los adultos experimentan obsesiones y compulsiones por igual.

La razón detrás de esto puede ser que los niños son menos propensos a verbalizar sus procesos mentales y pensamientos.

En cualquier caso, uno debe estar atento a los síntomas del trastorno obsesivo compulsivo porque, una vez que se fijan, son más difíciles de eliminar.

6

¿Cómo Lidiar Con La Ansiedad Asociada Al Toc?

No es fácil vivir con los ataques de ansiedad que vienen con un TOC. Cualquiera que sufra tales ataques de ansiedad puede buscar ayuda profesional para que se le prescriba el tratamiento adecuado para el trastorno. Pero primero, un paciente con TOC tendrá que entender sus síntomas y reconocer su trastorno de ansiedad.

La ansiedad y la angustia que experimenta un paciente con trastorno obsesivo compulsivo provienen de pensamientos o miedos irracionales. Debido a que el paciente se siente obsesionado por ciertos miedos que pueden o no ser infundados, recurre a actos compulsivos para aliviar sus sentimientos de angustia.

Un ejemplo de actos compulsivos observados a menudo en pacientes con TOC que sufren de ansiedad y angustia incluyen comportamientos repetitivos como lavarse las manos con frecuencia y fervor hasta que les duele.

Algunos pacientes se niegan a comer alimentos que no estén cocinados o a usar utensilios que no se hayan limpiado vigorosamente con un desinfectante para tratar la ansiedad causada por el miedo a estar expuestos a contaminantes.

Característicamente, estas prácticas compulsivas y ritualistas sirven para aliviar la ansiedad que siente un paciente con trastorno obsesivo compulsivo. Este alivio que siente el paciente, lo hace seguir recurriendo a estas prácticas para aliviar los sentimientos de miedo y ansiedad.

No existe un tratamiento definitivo para este trastorno de ansiedad. De hecho, muchos de los tratamientos disponibles no pueden realmente garantizar que una persona que sufre de un trastorno obsesivo compulsivo se cure al 100 por ciento.

Lo que hacen la mayoría de estos tratamientos para el trastorno de ansiedad es frenar los efectos del trastorno para que no perjudiquen la capacidad del paciente para vivir una vida normal.

En general, se recomiendan dos métodos de tratamiento para tratar a un paciente con trastorno obsesivo compulsivo. Estos son medicamentos contra la ansiedad y psicoterapia.

En la mayoría de los casos, estos dos métodos de tratamiento se utilizan en conjunto para lograr resultados satisfactorios. Estos resultados, sin embargo, dependen de las propias circunstancias personales del paciente.

La psicoterapia como tratamiento para los ataques de ansiedad causados por un trastorno obsesivo compulsivo suele implicar lo que se denomina terapia cognitiva conductual o TCC.

Este tipo de terapia funciona reentrenando los patrones de pensamiento del paciente, así como su rutina diaria para eliminar los sentimientos de miedo o ansiedad y, en consecuencia, quitarle la necesidad de recurrir a un comportamiento compulsivo.

Este tipo de terapia le enseña al paciente a lidiar con su exposición a su obsesión o miedo de una manera saludable para que no le provoque ansiedad.

Se necesita tiempo y esfuerzo para finalmente lograr los resultados deseados de la TCC, pero aquellos que aprendan a practicar las técnicas para lidiar con su trastorno obsesivo compulsivo relacionado con los ataques de ansiedad van a poder vivir una vida mejor.

. . .

A lo largo de los años, los psiquiatras especializados en trastornos de ansiedad, así como los expertos médicos y los grupos de apoyo, han investigado y desarrollado continuamente otros tratamientos más efectivos para los ataques de ansiedad provocados por un trastorno obsesivo compulsivo.

Entre las otras opciones de tratamiento para estos pacientes se encuentran la terapia electroconvulsiva y la estimulación magnética transcraneal.

Contar con familiares y amigos que lo apoyen también es otro aspecto importante para el tratamiento exitoso del trastorno obsesivo compulsivo y el manejo eficaz de los ataques de ansiedad que acompañan al trastorno.

7

¿Cuáles Son Las Posibilidades De Que De Verdad Lo Tengas?

Si sigues teniendo ideas, impulsos o pensamientos repetitivos, los mismos una y otra vez. Eso se llama "obsesiones" que involucran tu mente, ideas, impulsos. Como resultado de toda esta actividad en tu mente, te vuelves preocupado y ansioso, ¿Correcto? Así que empiezas a hacer cosas para aliviar toda esa preocupación y ansiedad y haces esas mismas cosas una y otra vez.

Eso se llama "compulsiones" que involucran sus acciones o comportamiento. Ponlos juntos y obtendrás: pensamientos obsesivos más comportamientos compulsivos, lo que equivale a un trastorno obsesivo compulsivo, comúnmente conocido como trastorno obsesivo compulsivo.

El propósito de este capítulo es señalar la diferencia entre preocupaciones y ansiedades normales y anormales; proporcionar un arma para combatir el TOC; para hacerle saber que no está solo; y sugerir vías de ayuda para recuperar su vida.

Ahora, el hecho de que a veces tengas tus extrañas peculiaridades, preocupaciones y ansiedades, no significa que tengas un trastorno obsesivo compulsivo. Puedes hacer bien en investigar los diversos tipos de trastornos de ansiedad como se describe en algunos enfoques alternativos a los trastornos de ansiedad.

Sin embargo, debes comprender que todo el mundo experimenta ciertos momentos de ansiedad, miedo y fobias; es cuando estos sentimientos y comportamientos comienzan a apoderarse de tu vida cuando debes preocuparte.

¿Alguna vez viste el anuncio de televisión de la madre con tu hijo en el centro comercial tratando de abrir la puerta de la tienda por departamentos con el pie debido a su fobia a los gérmenes?

Para algunos, estos pensamientos y sentimientos se vuelven tan fuertes y abrumadores que en realidad quedan atrapados en un ciclo de pensamientos e impulsos incesantes, sin sentido y abrumadores que parece imposible romper.

Estos son los que sufren de trastorno obsesivo compulsivo. Si decides que encaja en esta categoría, no te desanimes.

Aunque las estadísticas pueden ser alarmantes o desconcertantes para ti, es mejor conocer los hechos que ignorarlos.

En este caso, la ignorancia NO es felicidad. Como dijo un investigador, "Conocer los hechos sobre el TOC es una de las armas más poderosas para ganar la guerra contra este complejo trastorno basado en la ansiedad".

Según las estadísticas, 7,000,000 en los Estados Unidos o casi uno de cada cincuenta estadounidenses tienen o tendrán este complejo trastorno basado en la ansiedad. Al igual que con la mayoría de las condiciones de salud, pueden coexistir otros trastornos con el TOC, lo que complica el proceso de diagnóstico.

Estos trastornos acompañantes pueden incluir: abuso de sustancias, depresión, déficit de atención u otros. Es interesante saber que mientras que el trastorno obsesivo compulsivo generalmente se diagnostica en la adolescencia o en los primeros años de la edad adulta, incluso se ha llegado a diagnosticar a niños en edad preescolar.

En lo que respecta al diagnóstico del trastorno obsesivo compulsivo, generalmente se basa en la observación clínica y descripciones de síntomas de pánico, ansiedad o fobia, ya que no existen pruebas médicas para determinar el TOC.

• • •

Este capítulo no pretende ser un estudio detallado del trastorno obsesivo compulsivo, sino simplemente busca ayudarte a reconocer ciertas indicaciones que pueden sugerir tu necesidad de tomar medidas para mejorar tu calidad de vida.

Hay ayuda disponible para cualquiera de los trastornos relacionados con la ansiedad, solo por nombrar un enfoque popular (y hay muchos más disponibles) que se encuentran en Internet que incluyen testimonios de miles de personas que han sido liberadas de esta "plaga" de sus vidas cargadas de estrés. El dinero no debería ser un problema para obtener ayuda, ya que gran parte de la ayuda está disponible. Está dirigido a los ingresos más modestos, incluso al costo de un libro. Entonces, piénsalo y combate el trastorno obsesivo compulsivo ahora mismo porque tienes una vida que vivir.

8

Pasos Para Superar El Trastorno Obsesivo Compulsivo

La autoayuda del trastorno obsesivo compulsivo es imposible sin tener primero una comprensión sólida de qué es exactamente el trastorno obsesivo compulsivo. Solo cuando la condición se entiende completamente, alguien con TOC está en condiciones de abordar las causas fundamentales de la misma y superarla con éxito.

El trastorno obsesivo-compulsivo (TOC) es un trastorno de ansiedad que se caracteriza por obsesiones (pensamientos repetitivos, indeseables y desagradables) y compulsiones (comportamientos o acciones rituales que una persona se ve obligada a llevar a cabo).

Las últimas estadísticas disponibles sugieren que hasta 1 de cada 50 estadounidenses sufre un trastorno obsesivo-compulsivo, y casi el doble experimenta algún grado de TOC durante su vida.

. . .

El TOC puede afectar tanto a hombres como a mujeres en igual medida y puede afectar a todos los grupos de edad; Por lo general, empeora con el tiempo, por lo que las personas mayores con TOC a menudo tendrán casos más graves que los pacientes más jóvenes.

La mayoría de las personas con trastorno obsesivo-compulsivo experimentan tanto obsesiones como compulsiones, aunque entre el 10 y el 20 por ciento de las personas experimentarán solo obsesiones o compulsiones. En la mayoría de los casos las obsesiones son el problema inicial, y las compulsiones se desarrollan como una forma de que la mente neutralice los pensamientos obsesivos.

Las obsesiones suelen ser el catalizador en todos los casos de TOC: son las obsesiones las que desencadenan las compulsiones, y una vez que tanto las obsesiones como las compulsiones están activas, el círculo vicioso ha comenzado.

Las obsesiones son pensamientos incontrolables, invariablemente involuntarios, y ocurren repetidamente en la mente de una persona. La persona que experimenta las obsesiones a menudo sabrá que los pensamientos no tienen sentido, pero no podrá evitar seguir pensando en ellos.

. . .

Las obsesiones comunes en las personas con TOC son el miedo a la contaminación, miedo a la suciedad o cualquier cosa "sucia", imágenes o pensamientos sexuales incontrolables que pueden ser desagradables e imposibles de detener, supersticiones y atención excesiva a las cosas que se consideran afortunadas y desafortunadas, y un deseo para el orden y la simetría donde las cosas deben colocarse o alinearse de una manera o patrón particular.

Una compulsión es una acción o comportamiento que una persona se ve obligada a realizar repetidamente y que no tiene poder para detener. Las compulsiones se desarrollan como resultado de que la mente busca una manera de poner fin a los pensamientos obsesivos, por lo que a menudo existe un vínculo entre una obsesión y la compulsión que desarrolla la mente para detenerla.

Un ejemplo de esto sería la compulsión que experimenta una persona por lavarse las manos para acabar con la obsesión que tiene de ser contaminado por algo que no está limpio o que puede llegar a estar envenenado.

Las compulsiones comunes que se desarrollan en las personas con trastorno obsesivo-compulsivo son lavarse las manos, acumular objetos, verificar dos veces, limpiando y contando.

. . .

La clave para tratar el TOC es descubrir la causa subyacente de la ansiedad que lleva al propio TOC.

En casi todos los casos, existe cierta ansiedad o miedo subyacente que impulsa a la persona a desarrollar estas obsesiones y compulsiones para deshacerse de la ansiedad desagradable que puede estar experimentando.

Una vez que se ha descubierto la causa subyacente, el tratamiento suele ser mucho más exitoso que en aquellos que intentan resolver su TOC directamente.

Si la ansiedad está causada por un trastorno de ansiedad específico, como la ansiedad por la salud, la agorafobia, el trastorno de pánico, el trastorno de ansiedad social o una fobia de algún tipo, el tratamiento específico apropiado para el trastorno de ansiedad en cuestión a menudo producirá excelentes resultados en la eliminación incluso de los casos más graves del trastorno obsesivo-compulsivo.

La autoayuda para el trastorno obsesivo-compulsivo puede funcionar y funciona, pero solo una vez que se ha encontrado y abordado la causa subyacente.

El trastorno obsesivo compulsivo, también conocido como TOC, se origina en la ansiedad. Sus características comunes incluyen pensamientos repetitivos que resultan en comportamientos rituales. Es una condición por la cual la mente de la persona se cubre con dudas y miedo a la catástrofe.

Por lo tanto, la persona está obsesionada con actividades repetidas más de la frecuencia normal para evitar la posible tragedia percibida. Los comportamientos ritualistas sirven como mecanismo de afrontamiento de una persona con TOC para disminuir su ansiedad.

Las personas con trastorno obsesivo compulsivo están obsesionadas con la limpieza. Tienen este pensamiento intrusivo de que todo lo que les rodea está sucio. Tienen este temor constante de estar contaminados y posiblemente enfermarse. Como resultado, estas personas tendrían comportamientos rituales de lavarse las manos o bañarse para mantenerse limpias.

Otro pensamiento común que sigue inquietando a las personas con trastorno obsesivo compulsivo es la seguridad. Les amenaza la idea de que se hayan olvidado de apagar algún electrodoméstico que pueda convertir su casa en cenizas. Otro pensamiento habitual que tienen es el miedo a los intrusos.

Las personas con TOC tienen miedo de que extraños puedan invadir su casa y sus seres queridos puedan terminar perjudicados por dichos extraños. Estos temores dan como resultado comportamientos como encender y apagar las luces u otros electrodomésticos varias veces, así como revisar las cerraduras de las puertas más de lo habitual.

Además, las personas con TOC también pueden exhibir perfeccionismo, particularmente con la disposición y el orden de los objetos dentro de su entorno. Son muy particulares con la forma en que sus cosas deben aparecer en sus lugares respetados.

Tanto los pensamientos como los rituales son indeseables.

La persona con trastorno obsesivo compulsivo es incluso consciente de que los pensamientos son hiperbólicos dando lugar a una conducta disruptiva. Sin embargo, la persona no puede simplemente controlarlo.

Hay maneras de superar el trastorno obsesivo compulsivo. Uno de estos medios incluye abordar el resultado final que conduce al desarrollo del TOC, que es la ansiedad.

Sería mejor que, si experimentas síntomas de TOC, consultes a un experto en salud mental para disminuir o erradicar totalmente la ansiedad que experimentas. Otra forma es aceptar tus pensamientos sobre la seguridad, la limpieza y similares.

Sin embargo, deshazte de las catástrofes percibidas. Cuanto más luchas contra tus pensamientos, más sigues pensando en ello. Además, equípate con información útil adecuada sobre el trastorno obsesivo compulsivo.

La información puede provenir de tu especialista en salud mental o de recursos educativos como Internet o libros. Esto puede ayudarte a lidiar con el trastorno de manera efectiva.

De hecho, la clave para superar el TOC eres tú. Puedes ser tratado todo el tiempo que quieras. Sin embargo, si no te sometes a que el trastorno sea manejado por los expertos, sufrirás durante toda tu vida las discapacidades funcionales que te puede traer.

9

Pasos Para Controlar Tus Obsesiones

La autoayuda para el trastorno obsesivo-compulsivo solo puede ser eficaz si utilizas las técnicas correctas. De hecho, al adoptar el enfoque equivocado para ayudarte a ti mismo a recuperarte, en realidad puede hacer más daño que bien.

Pero al aplicar las técnicas y los consejos correctos, tus posibilidades de que tu autoayuda tenga éxito aumentan drásticamente. Lo que sigue es una poderosa estrategia que puedes comenzar a usar ahora mismo para superar muchos de los problemas que te causa el trastorno obsesivo-compulsivo.

Enfréntate a tus obsesiones, pero ve paso a paso:

. . .

En casi todos los casos de TOC, los problemas comienzan con obsesiones, un pensamiento o una serie de pensamientos que son indeseables, desagradables e incontrolables.

Estos pensamientos obsesivos luego te obligan a llevar a cabo compulsiones, que son rituales o hábitos repetitivos que realiza para distraerse o detener los pensamientos obsesivos.

Uno de los pocos enfoques con un historial comprobado para vencer el trastorno obsesivo-compulsivo se basa en confrontar las sesiones obsesivas que causan el círculo vicioso de obsesión / compulsión / pánico. Después de todo, tiene sentido ir tras la causa raíz de tu TOC, y esos serán casi siempre tus pensamientos obsesivos.

La idea de exponerse a tus pensamientos obsesivos simplemente significa que consciente y voluntariamente piensa que los pensamientos que sabe se convertirán en obsesiones, o se pone en una situación en la que sabe que es probable que los pensamientos obsesivos estallen.

Una vez que tus pensamientos obsesivos hayan comenzado, obviamente querrás llevar a cabo cualquier comportamiento compulsivo que normalmente usarías para tratar o detener los pensamientos obsesivos. Pero en esta terapia de "estilo de confrontación", te obligas a no realizar tu conducta compulsiva.

Para empezar, solo harías esto durante uno o dos minutos, y luego te permitirías ceder a la compulsión. Y luego, lento pero seguro, poco a poco, prolongaras el período de tiempo en el que te obligas a no actuar según tu deseo de realizar tu comportamiento compulsivo.

Con el tiempo, deberías empezar a darte cuenta de que puedes pasar más y más tiempo sin necesidad de realizar tu conducta compulsiva en respuesta a tus pensamientos obsesivos.

Esta comprensión (que ya no es un prisionero de sus pensamientos y que puede manejar sus pensamientos obsesivos durante períodos de tiempo cada vez más largos) es a menudo responsable de las historias asombrosas de recuperación incluso de los casos más graves de TOC.

10

Afrontando El Toc O El Trastorno Obsesivo Compulsivo

Lidiar con el trastorno obsesivo-compulsivo puede ser una gran tarea para aquellos que sufren de esta enfermedad mental basada en la ansiedad. Todos sabemos y entendemos que cada uno de nosotros enfrentará algún tipo de estrés en un momento u otro de nuestras vidas. Hay muchos tipos diferentes de eventos y situaciones que pueden resultar en estrés.

Los ejemplos incluyen las tareas diarias de las que cada uno es responsable de los eventos traumáticos que pueden afectar nuestras vidas, como el crimen, las complicaciones de salud e incluso experimentar la pérdida de un ser querido por muerte.

Las personas que tienen un trastorno obsesivo-compulsivo a menudo experimentan una sensación exagerada de estrés que es muy real y preocupante para ellos.

. . .

Este estrés típicamente resulta en los síntomas de la condición. Sin embargo, hay muchos que tienen TOC que pueden mostrar una sensación de resiliencia. Estos son los individuos que han aprendido a lidiar con eficacia con el trastorno obsesivo-compulsivo.

Concéntrate en el problema, no en los rituales

Las personas que experimentan un trastorno obsesivo-compulsivo a menudo se entregan a comportamientos y/o rituales que se consideran repetitivos. Estas personas realizan estas actividades como una forma de hacer frente a los pensamientos no deseados y, a menudo, aterradores que experimentan.

Los pensamientos problemáticos se identifican como obsesiones y los comportamientos posteriores se identifican como compulsiones.

Si estás intentando hacer frente a los desafíos impuestos en tu vida como resultado natural del TOC, es importante que te concentres en el problema real que resulta en las obsesiones que experimentas día a día. Por lo general, una forma de estrés provoca las obsesiones que experimenta.

. . .

En lugar de ceder a las compulsiones que interrumpen tu vida, es importante tratar de identificar el problema que está generando las obsesiones.

Una vez que se ha identificado al culpable, es importante enfocarse en resolver el problema y no simplemente entregarse a acciones repetitivas para sobrellevar el estrés causado por el problema.

Obtener apoyo

El siguiente método que se puede tomar para hacer frente a los molestos síntomas asociados con el trastorno obsesivo-compulsivo es buscar apoyo. Muchas personas que sufren de este trastorno de ansiedad a menudo intentarán encubrir u ocultar lo que enfrentan en el día a día.

Pueden sentirse avergonzados, o simplemente pueden creer que nadie entendería lo que están sufriendo. Como resultado, estos individuos se encierran en sí mismos y los síntomas de la condición mejoran drásticamente.

Es importante buscar el apoyo de aquellos en los que confía y con los que se siente cómodo.

. . .

Estas personas pueden ayudarte en las estrategias de afrontamiento, pueden escucharte cuando sientas que necesitas hablar sobre los síntomas que tienes e incluso pueden ayudarte cuando estés preocupado por las compulsiones que lo impulsan.

El asesoramiento psicológico e incluso unirse a un grupo de apoyo son estrategias efectivas para adquirir el apoyo que necesita para afrontar eficazmente el trastorno obsesivo-compulsivo.

¿Cómo buscar un psicólogo para asistir a terapia?

Hay quien, sabiendo que necesita asistir a psicoterapia, no se atreve a lanzarse a ello simplemente porque le resulta complicado buscar un psicólogo que se adapte a sus necesidades.

Sin embargo, lo cierto es que a pesar de que algunas personas pueden encontrar este proceso intimidante, no es tan complicado como se podría llegar a pensar, incluso en los países en los que este tipo de servicios no están muy bien regulados. Encontrar a un profesional de la salud mental es, entre otras cosas gracias a Internet, algo cada vez más sencillo y accesible para todo tipo de públicos.

. . .

En las siguientes líneas veremos varios consejos sobre cómo buscar un psicólogo que atienda nuestro caso de manera personalizada, teniendo en cuenta sus conocimientos y nuestras principales necesidades específicas.

Encontrar al profesional de la psicoterapia más adecuado a tu caso puede parecer complicado en un principio, pero en realidad no lo es tanto; ten en cuenta que los psicólogos ya están acostumbrados a que las personas que nunca antes han hecho terapia lleguen a su consulta el primer día con muchas dudas, y ellos asesoran. Además, en el caso de que noten que lo que necesitas no forma parte de lo que están preparados para tratar, te pueden derivar a otros profesionales que conocen y que sí abordan casos como el tuyo.

Sigue estas pautas para encontrar a un psicólogo o un equipo de psicólogos en un centro de psicología que se adapte a lo que buscas.

1. Determina la gravedad y la naturaleza de tu problema

A la práctica, incluso si un psicólogo ve que no puede trabajar con un caso como el que presentas, te aconsejará del mejor modo posible para que te atienda alguien que sí está especializado en esa clase de problemas. Sin embargo, si te tomas un pequeño tiempo para pensar en lo que te ocurre, tendrás más posibilidades de acertar a la primera (teniendo en cuenta que es muy probable que no tengas una visión objetiva y realista de lo que realmente pasa, y que es normal que incluso tú te equivoques en este aspecto).

Así pues, hazte estas preguntas. La primera es qué tipo de problema tienes: ¿es algo que tiene que ver principalmente con tus relaciones sociales, o te afecta solo a ti de una manera relativamente aislada? ¿Tiene que ver con tus sentimientos, con tu percepción de las cosas, o con ambas cosas? ¿Es algo automático, o algo que tiene que ver con tu manera de tomar decisiones?

La segunda pregunta es hasta qué punto es grave, cuál es la intensidad de tu malestar o de quienes entran en contacto contigo.

Dependiendo de estas cuestiones, más tarde deberás buscar a los psicólogos con una u otra especialización, y con unos requisitos de experiencia más o menos exigentes teniendo en cuenta tu disponibilidad y tu capacidad de contratar sesiones de terapia con ellos.

2. Fija tu límite de gastos

Hay que ser realistas y pensar a largo plazo, teniendo en cuenta que necesitarás varias horas de trabajo del psicólogo. Por eso, ten en cuenta todos los gastos que esta cantidad razonable de horas te supondrán, incluyendo aspectos aparentemente menores como los costes del transporte, y fija una cantidad máxima de dinero a dedicar a esto.

Por cierto, te puede interesar la opción más barata de la terapia online, que como veremos también es una alternativa a tener en cuenta.

3. Decide si buscas terapia presencial, online o mixta

Muchos psicólogos ofrecen la posibilidad de atender a sus pacientes a través de Internet, mediante videollamada o similares. Además, es un formato que permite recortar gastos y que además tiene otras ventajas evidentes, como ahorrarnos el tiempo de desplazamiento o poder disponer de los servicios incluso teniendo enfermedades que reducen la movilidad.

Por eso, dependiendo de tus necesidades, decide si buscas solo una de las dos maneras de asistir a terapia te van bien ambas, dependiendo de las circunstancias. Este paso para buscar un psicólogo tiene que ver también con el que veremos a continuación.

4. Haz una primera selección de psicólogos

Si te interesa la terapia presencial, puedes buscar específicamente profesionales de la salud mental que trabajen en tu barrio o ciudad, ya sea en su propia consulta o gabinete de psicoterapia, o a domicilio.

Al principio, es bueno que te fijes en dos criterios fundamentales: precio y ubicación (esto último especialmente en el caso de que no te interese la terapia online). Una vez realizado este primer filtrado, puedes pasar a ver el tipo de especializaciones que buscas en un profesional de la psicoterapia, las edades de los pacientes a los que atiende, sus idiomas, etc.

5. Asegúrate de que tienen los títulos oficiales para ejercer

Comprueba que las personas a las que has seleccionado en el primer barrido cuentan con sus números de colegiados en el Colegio Oficial de Psicólogos de su país, lo cual te garantizará que han realizado la trayectoria formativa que las capacita para ejercer intervención psicológica en los ámbitos clínicos o de la salud.

6. Comprueba sus especialidades

No mires solo aquello en lo que la persona dice especializarse: comprueba que tiene los títulos de posgrado que le han aportado unas bases de experiencia y de fundamentos teóricos en esos ámbitos clínicos. Ten en cuenta que los cursos y talleres pueden ser de un solo fin de semana, mientras que para recibir el título de Experto son necesarias muchas más horas, y para obtener un Máster hay que invertir en ello al menos un año.

Por otro lado, también puedes fijarte en si él o la profesional ha cursado un programa general, o uno más especializado y centrado en lo que buscas.

7. Fíjate en su presencia online

Los psicólogos que están en activo y que dedican cuerpo y alma a esta profesión suelen estar en contacto con webs de psicología, directorios, medios generalistas... Es decir, es un indicador de fiabilidad el hecho de que percibas que el profesional en cuestión dedica tiempo a salir de su consultorio y darse a conocer y colaborar con otras organizaciones y hacer divulgación de su profesión.

Incluso hay profesionales que intervienen en programas de radio o televisión. Eso es positivo en la medida en que nos puede dar una cierta noción de si estamos ante un referente en su campo, con una red de contactos consolidada que les permite trascender la rutina de su consulta y llegar a un público más amplio. Por ejemplo, en el blog de Psicología y Mente colaboran psicólogos y centros de psicoterapia que son grandes referentes en distintos campos.

8. Elige unos pocos profesionales y pregunta

En esta última fase de la búsqueda, puedes informarte más en profundidad de los servicios ofrecidos. Si te surgen dudas, lo cual es probable, pregunta, pero elige bien aquello de lo que buscas respuestas y formula tus dudas yendo al grano; leer grandes textos en los que alguien que no es cliente describe sus problemas y busca respuestas a todo no es del gusto de nadie y, en todo caso, tus problemas solo pueden ser explorados en profundidad en la fase de evaluación, en las primeras sesiones.

Así pues, a partir de este último paso, ya deberías ser capaz de elegir.

11

Programa De Trastorno Obsesivo Compulsivo - Detalles Y Técnicas

El Programa de Trastorno Obsesivo Compulsivo es una declaración con la que podemos tener muchos tipos diferentes de asociaciones. Una persona podría pensar en un centro de tratamiento donde las personas acuden para obtener ayuda con su trastorno obsesivo compulsivo.

Otra persona puede pensar en esto como un conjunto de DVD, cintas y CD. Algunas personas podrían pensar que este es un cierto tipo de medicamento que un médico le daría.

Un programa de trastorno obsesivo compulsivo debe ser un programa, sin importar cómo se entregue, en el que aprenderás a lidiar con los pensamientos que no son bienvenidos en tu cabeza. Verás, la diferencia entre alguien con TOC y alguien sin TOC es cómo reaccionan a tus pensamientos.

. . .

Un programa de trastorno obsesivo compulsivo debe centrarse en estas áreas principales. Debería cubrir los conceptos básicos sobre lo que realmente es el TOC. Luego debe cubrir cómo ocurren estos procesos electroquímicos en el cerebro y qué hace el programa para corregir cualquier problema en esto proceso. Lo que debes hacer en el momento que sientes que tienes que realizar un ritual, especialmente cuando sabes que es algo estúpido y no tiene sentido.

Déjame preguntarte, ¿qué crees que debería contener un programa de trastorno obsesivo compulsivo? Hay ciertas cosas que he aprendido a buscar, algunas de estas cosas son: El costo, tienes que asegurarte de que está dentro de tu presupuesto. Lo siguiente que debes buscar es qué tan fácil es ponerse en contacto con el servicio de atención al cliente.

Otra cosa en la que querrás pensar es si hay otras personas diciendo cosas buenas sobre este programa para el trastorno obsesivo compulsivo. Si otras personas dicen que es bueno, entonces es posible que estés en lo cierto.

Quieres mirar la presentación de la misma. ¿Es algo que parece que te mantendrá entretenido mientras aprendes? ¿Estás entusiasmado con los resultados que dice que puede ayudarte a obtener?

. . .

Es una gran idea pensar en todas estas cosas al considerar un programa de trastorno obsesivo compulsivo. Ten en cuenta un problema en el que suelen caer muchas personas con TOC.

Comprarán programa tras programa y nunca cumplirán con ninguno de ellos. Llamo a estas personas "buscadores de balas mágicas". No están dispuestos a realizar el trabajo necesario, por lo que siguen comprando programa tras programa con la esperanza de que sea más fácil.

Por otro lado, cuando un tipo diferente de persona que solo compra un programa para el trastorno obsesivo compulsivo y aplica todo lo que contiene según las indicaciones hasta que funcione, mejorará mucho más rápido que los buscadores de balas mágicas.

Entonces, solo unos pocos de los buscadores de balas mágicas realmente aprenderán su lección y realmente elegirán solo un programa y lo mantendrán hasta el éxito, así que asegúrate de no ser un "buscador de balas mágicas".

Entonces, ahora que tienes algunas de las cosas que debes buscar y algunas de las que no debes hacer, estás mejor preparado para mirar diferentes programas y ver cuál es el adecuado para ti. Asegúrate de tener esto en mente, lo único que importa en última instancia es el tipo de resultados que obtienes del programa para el trastorno obsesivo compulsivo que elijas.

12

Tratamientos Psicológicos Para El Toc

Los TRATAMIENTOS del trastorno obsesivo compulsivo (TOC) incluyen una amplia variedad. A veces, los médicos (psicólogos o psiquiatras) no pueden tratar las obsesiones por completo.

En tales situaciones, el médico trata de manejar el trastorno tanto como sea posible. En la mayoría de los casos, las obsesiones existen, pero el paciente aprende a manejar su ansiedad y evita caer en comportamientos compulsivos o rituales.

Tratar el TOC lleva tiempo porque las obsesiones están incrustadas en la mente y a uno le resulta difícil distraer su mente.

. . .

Estas obsesiones producen ansiedad. Para reducir esta ansiedad, un individuo lleva a cabo un comportamiento compulsivo.

Existen dificultades en dos niveles durante el tratamiento.

En primer lugar, la dificultad aparece cuando un individuo se habitúa a reducir la ansiedad a través de las compulsiones.

En segundo lugar, la dificultad aparece cuando un médico detiene a un individuo para que realice una compulsión después de la aparición de la obsesión.

Los tratamientos para el trastorno obsesivo compulsivo incluyen una variedad de técnicas y terapias:

1) Tratamiento Farmacológico Empírico

Las investigaciones han demostrado que el neurotransmisor de la serotonina interviene en el trastorno obsesivo compulsivo.

Los niveles bajos de serotonina pueden producir obsesiones y compulsiones en un individuo. Si este es el caso, los psiquiatras recomiendan inhibidores de la recaptación de serotonina. Estos inhibidores incluyen Prozac, Paxil y Zoloft, etc.

. . .

2) Psicoterapias

Se pueden usar diferentes tipos de psicoterapias para tratar el TOC. Lo primero que puede hacer un médico es psicoeducar al paciente y a su familia sobre la orden. La psicoeducación consiste en desarrollar la comprensión plena de cualquier problema psicológico. Cuando un médico psicoeduca a alguien sobre el TOC, desarrollarás una comprensión completa de las causas, los síntomas y los diversos modos de tratamiento del trastorno.

Los médicos utilizan ampliamente la terapia de relajación como tratamiento para el trastorno obsesivo compulsivo. En este tipo de terapia, el médico le enseña a la persona a calmarse.

El diálogo interno o la autoinstrucción es la técnica que puede ser más beneficiosa para un individuo con trastorno obsesivo compulsivo. Durante el diálogo interno, un individuo habla consigo mismo para guiarse. Este diálogo interno también es útil para evitar que una persona realice compulsiones.

Los tratamientos para el trastorno obsesivo compulsivo incluyen la terapia familiar. Hay ciertas razones para dar terapia familiar. La víctima del trastorno obsesivo compulsivo ya es victimizada en las reuniones sociales por su comportamiento repetitivo, pero a veces, la familia tampoco apoya a su miembro. Durante las sesiones familiares, los miembros de la familia de la víctima son instruidos para que le brinden apoyo social y se identifiquen con el enfermo.

La prevención de la respuesta a la exposición (ERP) es una de las psicoterapias más populares. En esta terapia, el paciente está expuesto a condiciones que provocan ansiedad, como, por ejemplo, se le pide al paciente que toque la manija de la puerta, pero, después de eso, no se le permite lavarse las manos. De esta forma, su ansiedad disminuye automáticamente y el enfermo aprende que las conductas compulsivas no son imprescindibles para reducir la ansiedad.

El hipnotismo se puede utilizar para reducir los síntomas del trastorno obsesivo compulsivo. El hipnotizador trata de reducir los comportamientos rituales particulares a través de instrucciones. La terapia cognitiva se puede utilizar para alterar el significado o las interpretaciones de las obsesiones y las compulsiones.

La mayoría de los pacientes consideran que sus obsesiones son una amenaza que puede causarles daño. La tarea del clínico es desafiar estas obsesiones y reemplazarlas con pensamientos precisos. Entonces, todas estas terapias están incluidas en los tratamientos para el trastorno obsesivo compulsivo y estas terapias pueden beneficiar mucho a una víctima.

13

Tratamiento Del Trastorno Obsesivo Compulsivo Natural

No hay nada inusual en verificar dos veces si dejaste las puertas de tu automóvil abiertas o no, o si la cafetera se dejó encendida antes de salir de casa, pero para las personas que padecen un trastorno obsesivo compulsivo (TOC), el comportamiento es suficiente para interrumpir tu rutina diaria.

Para muchos, el hábito es difícil de romper y provoca una sensación de aislamiento e impotencia en los seres queridos de la persona. Existe la necesidad de un tratamiento del trastorno obsesivo compulsivo ya sea que el trastorno esté en sus primeras etapas o se haya convertido en un trastorno grave para restaurar la normalidad en la vida del individuo.

Para las personas que recién están comenzando a desarrollar el trastorno y les gustaría intentar resolver los problemas por sí mismos antes de buscar un tratamiento para el trastorno obsesivo compulsivo, hay cuatro R que deben recordar para liberarse del comportamiento del TOC.

Volver a etiquetar. La primera 'R' es Re-Etiquetar. Necesitas comprender y señalar los pensamientos que pasan por tu cabeza que desencadenan pensamientos obsesivos y las acciones que dan como resultado un comportamiento obsesivo compulsivo.

Retribuir. Debes ser consciente de que las acciones o el comportamiento que exhibe son el resultado del TOC y que el comportamiento es probablemente causado por un desequilibrio químico en tu cerebro.

Reenfocar. En lugar de enfocarte en un comportamiento obsesivo y compulsivo, trata de concentrar tu energía en otra cosa por un tiempo.

Revalorizar. No dejes que tu TOC controle tu vida. Recuerda que el TOC no es significativo si tú no permites que se vuelva significativo.

Si padeces un caso más grave de TOC y necesitas algún tipo de tratamiento para el trastorno obsesivo compulsivo, se pueden utilizar los siguientes métodos:

Terapia de grupo.

Ir a terapia con un grupo de personas es uno de los primeros tipos de tratamiento del trastorno obsesivo compulsivo por el que optan las personas.

No solo es reconfortante saber que hay otras personas que pasan por los mismos problemas causados por el trastorno, sino que estar con un grupo de personas le permite al individuo sentir una sensación de apoyo y aliento que contrarresta el desarrollo del aislamiento que es común. en personas que padecen TOC.

Terapia familiar.

Dado que el trastorno fácilmente causa problemas entre el individuo y su familia junto con problemas sociales, la terapia familiar es un tratamiento recomendado para el trastorno obsesivo compulsivo.

Es propicio para que se desarrolle la comprensión entre la persona que sufre el trastorno y su familia y forma una dinámica familiar cohesiva que promueve el apoyo y reduce los conflictos familiares. Este tratamiento del trastorno obsesivo compulsivo también ayuda a la familia a comprender cómo ayudar mejor al paciente a recuperarse del TOC.

Medicamento.

Para las personas que necesitan un tratamiento de trastorno obsesivo compulsivo más fuerte, se pueden recetar medicamentos para tomar durante la duración de las sesiones de terapia del individuo. Sin embargo, la medicación por sí sola no es la respuesta al TOC.

Tener un sistema de apoyo y un tratamiento adecuado para los ataques de pánico es esencial para la recuperación del individuo y los miembros de la familia deben hacer todo lo posible para comprender por lo que está pasando el paciente a fin de dejar espacio para el crecimiento.

14

Opciones De Tratamiento Del Trastorno Obsesivo Compulsivo

LAS PERSONAS que padecen Trastorno Obsesivo Compulsivo (TOC) tienen pensamientos y comportamientos repetitivos.

Aunque son conscientes de que la repetición es innecesaria, es algo que simplemente no pueden controlar.

Si no realizan sus rituales, experimentan una ansiedad excesiva. Aunque ningún tratamiento del trastorno obsesivo compulsivo proporciona una cura, muchos pueden ayudar a aliviar los síntomas.

Formas comunes de TOC

Las formas más comunes de TOC suelen caer dentro de una de estas categorías:

. . .

Lavadoras y limpiadoras: Debido a su miedo a la contaminación, las lavadoras se duchan y se lavan las manos con frecuencia, mientras que las limpiadoras lavan su ropa una y otra vez y limpian constantemente su hogar.

Verificadores: Estas personas están constantemente revisando cosas, como si los electrodomésticos se han apagado o si las puertas están cerradas con llave, por temor a que suceda algo malo si no se revisan.

Obsesivos: Esto se refiere a las personas que tienen pensamientos aterradores o violentos que los muestran lastimando a otros. Intentan contrarrestar estos pensamientos mediante la repetición de ciertas palabras, canciones u oraciones.

Pedidos: un pedido debe tener todo organizado de cierta manera y se molesta si sus artículos se mueven fuera de lugar.

Acaparadores: Estas personas recolectan o guardan cosas que a menudo son inútiles, pero temen tirarlos a la basura en caso de que lo necesiten en otro momento.

Tratamiento del trastorno obsesivo compulsivo

El tratamiento que ha demostrado ser más efectivo es la terapia, aunque la medicación y algunos métodos de autoayuda pueden ayudar a reducir los niveles de ansiedad.

Terapias de prevención de exposición y respuesta

Como su nombre indica, este tipo de terapia hace que te enfrentes a tu obsesión sin reaccionar ante ella. Por ejemplo, se le puede pedir a una lavadora que toque el piso, pero en lugar de permitirle lavarse, debe sentarse y esperar hasta que desaparezca su abrumador deseo de lavarse las manos. De esta forma aprenden que nada malo les va a pasar si no realizan su ritual compulsivo.

Medicamento

El medicamento más común para el TOC son los antidepresivos, pero ningún medicamento por sí solo puede tratar este trastorno de manera efectiva. La medicación es mejor cuando se usa junto con algún tipo de terapia.

Terapia de grupo

Otro tratamiento viable del trastorno obsesivo compulsivo es la terapia de grupo. Al conocer a otras personas con TOC, obtendrá el apoyo que tanto necesita y no tendrá esa sensación de aislamiento que muchos experimentan.

La autoayuda

Algunas estrategias de autoayuda se muestran a continuación:

Aprende sobre el TOC: infórmate sobre el TOC. Cuanto más sepas, más podrás controlar tus obsesiones y compulsiones.

Involucra a tus amigos y familiares: es importante tener a alguien a quien pueda acudir y que lo apoye. Hacer que se involucren en su tratamiento también puede ayudarte a mantenerte encaminado y prevenir recaídas.

Prueba técnicas de relajación: Ciertas terapias de relajación, como ejercicios de respiración, meditación y yoga, pueden ayudar a reducir tus síntomas de ansiedad.

El tipo más eficaz de tratamiento del trastorno obsesivo compulsivo varía de una persona a otra, al igual que los síntomas del TOC. Los amigos y familiares de las personas que padecen TOC pueden beneficiarse enormemente al aprender lo que puedan sobre este trastorno. Cuanto más sepan, más comprensivos se volverán.

Terapia de exposición con prevención de respuesta: ¿qué es?

Recibe el nombre de técnica de exposición con prevención de respuesta a un tipo de procedimiento terapéutico empleado desde el ámbito de la psicología para el tratamiento de condiciones y trastornos basados en respuestas desadaptativas sobre las que se pierde el control y que generan malestar o la pérdida de funcionalidad.

Es un procedimiento basado en la corriente cognitivo-conductual (de la cual más adelante les hablaré de ella a fondo), de gran utilidad clínica y que ha manifestado ser beneficiosa para el tratamiento de diversas patologías, por lo general vinculadas a la ansiedad. Tiene como objetivo la modificación de los patrones de conducta derivados de la existencia de cogniciones, emociones o impulsos aversivos a la par que hacer frente a cogniciones y expectativas negativas por parte del sujeto afectado.

Su funcionamiento básico se basa en la idea de exponer o hacer afrontar al individuo, de manera deliberada, la situación o situaciones generadoras de malestar o ansiedad a la par que se previene o impide la conducta problema que dichas situaciones suelen desencadenar.

En este sentido lo que se busca es que el sujeto experimente la ansiedad o sensación de malestar que corresponda y sea capaz de experimentarla sin realizar la conducta hasta que la ansiedad disminuya de manera natural hasta un punto que resulte gestionable (es importante tener en cuenta que el objetivo no es necesariamente que desaparezca la ansiedad, sino ser capaz de hacerle frente de manera adaptativa), momento en que el impulso o necesidad de llevar a cabo la conducta se reduce.

Esta prevención puede ser total o parcial, si bien la primera es mucho más eficaz. Resulta imprescindible que se deba a la propia actuación de quien sufre el problema y no a la imposición externa o la restricción física involuntaria.

A un nivel profundo podríamos considerar que se está trabajando a través de procesos de habituación y extinción: estamos tratando de lograr que el sujeto logre no realizar la respuesta a eliminar a través de la adquisición de tolerancia a las sensaciones y emociones que suelen llevar a realizarla. Asimismo, a través de esta habituación la vinculación entre la emoción y la conducta se extingue, de tal manera que existe una deshabituación de la conducta.

Las ventajas de la aplicación de esta técnica son múltiples, empezando por la reducción de la sintomatología propia de diversas psicopatologías y el aprendizaje de técnicas de afrontamiento. Asimismo, se ha observado que contribuye a incrementar las expectativas de autoeficacia en los pacientes, haciéndoles sentir que tienen una mayor capacidad para lograr sus objetivos y hacer frente a las dificultades.

Algunos pasos básicos

La puesta en práctica de la técnica de exposición con prevención de respuesta implica el seguimiento de una serie de pasos básicos. Veamos cuáles son cada uno de ellos.

1. Análisis funcional de la conducta

Antes de empezar propiamente a la realización del procedimiento es necesario conocer todo lo posible sobre la conducta problema. Entre estos aspectos destacan cuál es la conducta problema en sí, el grado de afectación que genera en la vida del paciente, antecedentes, variables moduladoras y consecuencias de la conducta.

Debemos saber cómo, cuándo y a qué se atribuye dicha conducta, y los diferentes elementos que hacen que aparezca mayor o menor nivel de malestar.

2. Explicación y justificación de la técnica

Otro paso previo a la aplicación en sí es la presentación al paciente de la técnica en sí y la justificación de su importancia. Este paso es esencial dado que permite al sujeto expresar dudas y comprender qué es lo que se pretende hacer y el porqué.

Resulta relevante mencionar que lo que se pretende no es eliminar la ansiedad en sí si no dejar que se reduzca hasta hacerla gestionable (algo que por otro lado y con el tiempo puede generar su desaparición). Tras la explicación y si el paciente acepta su aplicación, se pasa a la realización de la técnica.

3. Construcción de jerarquía de exposición

Una vez explorado el problema y analizada la conducta a tratar, y si el paciente acepta llevar a cabo el procedimiento, el siguiente paso es la de elaborar una jerarquía de exposición.

En este sentido se ha de realizar y negociar entre paciente y terapeuta un listado de alrededor de entre una decena y una veintena de situaciones altamente concretizadas (incluyendo todos los detalles que pueden llegar a modelar la ansiedad), las cuales posteriormente serán ordenadas según el nivel de ansiedad que le generan al paciente.

4. Exposición con prevención de respuesta

La técnica en sí supone la exposición a las situaciones anteriormente listadas, empezando siempre por aquellas que generan niveles moderados de ansiedad, mientras que el sujeto aguanta y resiste la necesidad de llevar a cabo la conducta.

. . .

Únicamente se debería llevar a cabo una exposición a uno de los ítems por sesión, dado que el sujeto deberá permanecer en la situación hasta que la ansiedad se rebaje como mínimo a la mitad.

Cada una de las situaciones deberá repetirse hasta que la ansiedad permanezca baja de manera estable en al menos dos exposiciones, momento en que se pasará al siguiente ítem o situación de la jerarquía (en orden ascendente en función del nivel de ansiedad).

Mientras se expone, el terapeuta debe analizar y ayudar al paciente a exteriorizar oralmente sus reacciones emocionales y cognitivas. Pueden aparecer reacciones poderosas, pero la exposición no debería pararse a menos que sea absolutamente necesario.

También deben trabajarse las conductas sustitutorias o de evitación de la ansiedad, dado que pueden aparecer y evitar que el sujeto realmente termine por habituarse. En caso necesario puede proporcionarse alguna actividad alternativa siempre que ésta sea incompatible con la conducta problema.

. . .

Puede ser recomendable que en al menos las primeras sesiones el terapeuta ejerza de modelo conductual, representando la exposición a la que va a someterse el sujeto antes de que este haga lo propio. En lo que respecta a la prevención de respuestas, se ha visto más eficaz el hecho de proporcionar instrucciones claras y rígidas en vez de proporcionar indicaciones genéricas.

La prevención de respuesta puede ser durante todo lo que dure el tratamiento completo, solo hacia las conductas con los que se haya trabajado previamente en las exposiciones o durante un tiempo determinado tras realizar la exposición (si bien depende del tipo de problemática).

5. Discusión y valoración posterior de la exposición

Tras la realización de la exposición en sí terapeuta y paciente pueden entrar a discutir los detalles, aspectos, emociones y pensamientos vividos durante el proceso. Se trabajará a nivel cognitivo las creencias e interpretaciones del paciente, si fuera necesario aplicando otras técnicas como la reestructuración cognitiva.

6. Valoración y análisis del proceso

Debería ir llevándose a cabo un seguimiento y análisis de los resultados de la intervención, de manera que puedan discutirse y alterarse las exposiciones si fuera necesario incluir algo nuevo, o bien para hacer ver los logros y mejoras logradas por parte del paciente.

También debe tenerse en cuenta la posibilidad de que en algún momento se lleve a cabo la conducta problema tanto cuando se produce exposición como en la vida diaria: trabajar este tipo de conductas no es algo sencillo y puede suponer gran angustia para los pacientes, los cuales pueden llegar a romper a dejar de lado la prevención de respuesta.

En este sentido es necesario hacer ver que estas posibles caídas son parte natural del proceso de recuperación y que de hecho pueden permitir hacernos una idea de elementos y variables que anteriormente no se habían tenido en cuenta.

Condiciones y trastornos en los que se emplea

La exposición con prevención de respuesta es una técnica eficaz y de gran utilidad en múltiples condiciones mentales, siendo los siguientes algunos de los trastornos en los que se ha visto su éxito.

1. Trastorno Obsesivo-Compulsivo

Esta problemática, que se caracteriza por la aparición intrusiva y recurrente de pensamientos obsesivos altamente ansiógenos para el paciente y que suele llevar a la cavilación o a la realización de rituales compulsivos para rebajar la ansiedad (algo que en último término acaba provocando un reforzamiento del problema), es probablemente uno de los trastornos en los que más se aplica la EPR.

2. Trastornos del control de los impulsos

Otro tipo de trastornos en los que se emplea la EPR es en los trastornos del control de los impulsos. En este sentido, problemas como la cleptomanía o el trastorno explosivo intermitente podrían llegar a beneficiarse de esta terapia al aprender a no realizar las conductas problemáticas cuando aparece el impulso, o bien reducir la fuerza del impulso de llevarlas a cabo.

3. Adicciones

Se ha visto que el campo de las adicciones, tanto las vinculadas a sustancias como las conductuales, también puede tratarse con este tipo de terapia. Ahora bien, su aplicación es propia de fases avanzadas del tratamiento, cuando el sujeto está abstinente y se pretende realizar prevención de recaídas.

Por ejemplo, en el caso de personas con alcoholismo o ludopatía se puede exponer a situaciones que asocian a su hábito (por ejemplo, estar en un restaurante o un bar) mientras se previene la respuesta, como manera de ayudarles a hacer frente al deseo de consumo o juego y a que si se encuentran en dicha situación en la vida real no recurran a la conducta adictiva.

4. Trastornos de la conducta alimentaria

Otro caso en que puede ser relevante se encuentra en los trastornos de la conducta alimentaria, especialmente en el caso de la bulimia nerviosa.

En estos casos puede trabajarse la exposición a estímulos temidos (como la visión de su propio cuerpo, influida por distorsiones cognitivas) o la experimentación de ansiedad previniendo la respuesta de atracón o posteriormente purga. Del mismo modo también en el trastorno por atracón puede resultar de utilidad.

Limitaciones

Por lo que se sabe acerca de los resultados obtenidos a través de la terapia de exposición con prevención de respuesta, este recurso de intervención psicológica resulta eficaz contra varios tipos de trastornos mentales si se aplica de manera consistente durante varias sesiones realizadas de manera periódica. Esto hace que se aplique de manera habitual en psicoterapia.

. . .

Eso sí, pese a ser altamente efectiva en la modificación de la conducta, es necesario tener en cuenta que la técnica de exposición con prevención de respuesta tiene también algunas limitaciones.

Y es que, si bien presenta gran eficacia para tratar una conducta problemática y modificarla, por sí misma no trabaja de manera directa con las causas que llevaron a la aparición de la ansiedad que llevó a motivar la conducta desadaptativa.

Por ejemplo, puede tratar el ciclo de obsesión-compulsión para una conducta determinada (el ejemplo más claro sería el de lavarse las manos), pero aún si se trabaja este miedo no es imposible que aparezca otro tipo de obsesión diferente.

En el caso del alcoholismo puede ayudar a tratar el craving y ayudar a prevenir recaídas, pero no ayuda a trabajar las causas que llevaron a la adquisición de la dependencia. Dicho de otro modo: es muy eficaz en tratar el síntoma, pero no trabaja de manera directa las causas de este.

Asimismo, no trata tampoco aspectos vinculados a la personalidad como el perfeccionismo o el neuroticismo, o bien la hiperresponsabilidad, si bien facilita trabajarlo a nivel cognitivo si se emplea dicha exposición como experimento conductual a través del cual realizar una reestructuración cognitiva. Es por todo ello que es necesario que la exposición con prevención de respuesta no se lleve a cabo como único elemento de la terapia, sino que debe existir un trabajo a nivel cognitivo y emocional tanto previo como durante y después de su aplicación.

15

Terapia Conductual Cognitiva

Este tipo de tratamiento del trastorno obsesivo compulsivo desafía tus pensamientos negativos y te ayuda a darte cuenta de que puedes controlar tu ansiedad sin recurrir a rituales. De hecho, esta es una de las mejores para poder tratar este tipo de trastornos y por esa razón vamos hablar más a fondo de esta.

La Terapia Conductual Cognitiva (TCC) se formuló hace unos cuarenta años para ayudar a tratar a las personas que sufren de depresión. Con el paso de los años, muchas de las técnicas y pasos desarrollados en la TCC para manejar la depresión se han aplicado a un conjunto más amplio de trastornos mentales y emocionales.

El mundo de la psicología y la psiquiatría se ha desarrollado en dos pistas. Siempre ha habido un componente de "terapia de conversación" para tratar los trastornos mentales, emocionales y de la personalidad.

Sin embargo, hace relativamente poco tiempo, más y más médicos se han apoyado en tratamientos biológicos o cableados que involucran una variedad de compuestos químicos.

La persona a la que a menudo se le atribuye el mérito de ser el pionero de la terapia cognitivo-conductual es a un doctor estadounidense, presidente del Instituto para la Terapia Cognitiva, también profesor de psiquiatría en la Universidad de Pensilvania llamado Aaron Beck .

El doctor centró la mayor parte de su investigación en el estudio de la depresión. En particular, quería ver la conexión entre la depresión y la cognición o la capacidad de las personas deprimidas para percibir su realidad. Se dio cuenta de que había todo un vínculo entre la depresión y el pensamiento cognitivo de las personas.

La terapia cognitivo-conductual es una técnica que utilizan las personas para cambiar y transformar su vida.

La mayoría de nuestras decisiones y logros se basan en nuestros pensamientos. Nuestros pensamientos influyen en nuestros comportamientos. Como tal, si entendemos nuestros pensamientos, podemos cambiarlos y, en consecuencia, nuestras acciones.

La terapia cognitivo-conductual ha ayudado a las personas a lidiar con el estrés, la depresión, las relaciones complicadas, el dolor, los trastornos de pánico, los trastornos de ansiedad generalizada, los conflictos matrimoniales, las fobias dentales, los trastornos de estrés postraumático, los trastornos alimenticios, el insomnio y una variedad de otros trastornos mentales y físicos.

Usaremos la terapia cognitivo-conductual para identificar los pensamientos que provocan trastornos como la depresión y la ansiedad, aprender a lidiar con los pensamientos negativos y combatir el estrés, la ira y la depresión. Usando la terapia cognitivo-conductual primero evaluaremos nuestras creencias, es decir, cómo interpretamos los eventos de nuestra vida, cómo nos comportamos debido a nuestros pensamientos y, finalmente, cómo nos sentimos.

La ventaja más significativa de la terapia cognitivo-conductual es que está orientada a objetivos y se centra en problemas específicos. En segundo lugar, es conveniente y hay que participar plenamente para obtener los resultados esperados. En tercer lugar, se centra en los desafíos, pensamientos y comportamientos diarios. Otra ventaja es que sabrás lo que quieres conseguir y cómo puedes conseguirlo.

Ten en cuenta que la terapia cognitivo-conductual se centra en pensamientos, sentimientos, creencias y actitudes; por lo tanto, se te pedirá que te enfrentes a algunas de las cosas de las que tu mente desea tanto escapar. Puede que tengas que enfrentarte a tus miedos, pensarlos de forma gradual.

Las cosas que podrás identificar incluyen:

- Los pensamientos inútiles que pueden conducir a problemas psicológicos,
- Los comportamientos inútiles que están afectando negativamente tu vida,
- Mejores pensamientos, hábitos y creencias que agregarán valor a su vida,
- Los nuevos patrones que aplicas en tu vida para aliviar las condiciones mentales y físicas e incluso ayudarte a actuar mejor.

¿Sabías que la mayoría de tus problemas surgen principalmente del significado que le das a los eventos o situaciones? Si tienes pensamientos que no te ayudan a ti mismo, te resultará difícil funcionar bien en diferentes condiciones.

La terapia cognitivo-conductual tendrá un impacto positivo en cómo actúas y cómo te sientes. También te proporcionará las habilidades y estrategias adecuadas para afrontar los desafíos.

Niveles de pensamientos en TCC

La terapia cognitivo-conductual reconoce tres tipos principales de pensamientos, a saber, pensamientos automáticos, suposiciones y creencias. La terapia cognitivo-conductual explica que nuestras creencias centrales son las causas de nuestras premisas, las cuales, a su vez, inician nuestras ideas intuitivas y, en consecuencia, nuestras emociones.

Las creencias fundamentales son las centralidades generales que usamos para evaluar los estándares que establecemos para nosotros mismos, otras personas y el mundo. Nuestras creencias centrales se forman típicamente en la etapa impresionable de la vida. Usamos estas creencias para determinar qué pensar sobre los demás. En algunos casos, nuestras opiniones son dañinas y afectan nuestras vidas negativamente. Los sentimientos negativos incluyen, "No soy digno de ser amado" o "No se puede confiar en las personas. Si uno cree que es débil, la ansiedad puede aparecer. Por otro lado, una creencia positiva, como "Soy un ganador", puede aumentar la estima de uno.

Si uno tiene profundas creencias negativas sobre sí mismo, será propenso a la ira, la depresión, la ansiedad, el estrés, entre otras condiciones mentales adversas. Usando TCC, uno puede identificar las creencias negativas que están llevando su vida en una espiral descendente y buscar ideas alternativas para equilibrarlas. Notarás que los sentimientos negativos tienen poderosas emociones que los acompañan, y es difícil cambiarlos con evidencia contradictoria.

Los supuestos subyacentes son aquellas creencias que dirigen nuestras decisiones en diferentes situaciones. Por lo general, las suposiciones subyacentes surgen de experiencias personales. Por ejemplo, si a una persona le mintió su cónyuge, podría suponerse que todas las personas de ese género son unos mentirosos. Otro ejemplo de suposiciones subyacentes es cuando uno asume que, si permite que una persona descubra sus debilidades, la otra persona la abandonará.

Los pensamientos automáticos ocurren día a día y nos ayudan a dar sentido a nuestras experiencias.

Los pensamientos automáticos influyen en nuestras decisiones de manera inconsciente. ¿Alguna vez le gritaste a alguien y luego no pudiste entender qué te provocó? Los pensamientos automáticos son responsables de la mayoría de nuestras respuestas automáticas. Por ejemplo, una persona puede hacer algo que te enoja, y de inmediato, hierves de ira y dejas que esa persona tenga un problema contigo.

La terapia cognitivo-conductual puede ayudarte a comprender tus pensamientos automáticos. Primero, después de cada episodio de reacciones involuntarias, por ejemplo, un momento de arrebato de ira, evalúa tus ideas. ¿Qué pasaba por tu cabeza en el momento en que estabas enojado? ¿Qué sentimientos te hacían actuar así? Puedes escribir tu pensamiento automático y evaluarlo cuidadosamente.

¿Cómo activar el comportamiento?

Activación conductual (AC)

Las personas deprimidas a menudo se sienten abrumadas y apáticas. Incluso las pequeñas tareas cotidianas, como lavar la ropa, se vuelven abrumadoras. La depresión te agota la energía, dejándote preguntarte: "¿Qué sentido tiene hacer algo?"

A medida que pasa el tiempo, eliminas más actividades de tu vida diaria, lo que te hace sentir aún más deprimido y sin valor.

Tu motivación sigue en picada. Empiezas a decirte a ti mismo cosas como "No puedo hacer frente a nada", "Nunca mejoraré" y "Ya no disfruto de nada".

. . .

Para salir de la depresión, debes detener este ciclo. La única forma de recuperar el control sobre tu vida es volver a participar deliberadamente en actividades positivas, incluso cuando no lo desees. Esta estrategia se conoce como activación conductual. El primer paso es pensar en las actividades que solías disfrutar, como se describe en el otro ejercicio.

Ejercicio: planificación de actividades positivas

Haz una lista de las actividades sencillas que disfrutabas antes de desarrollar depresión. Estas actividades pueden ser tan simples como ver una película en casa. Date tiempo para hacer tu lista porque la depresión puede hacer que sea más difícil recordar cosas.

Ahora planifica cuándo puedes realizar tres de estas actividades durante la próxima semana. Para empezar, 20 minutos son suficientes. Anota cada sesión en tu diario. Es tan importante como cualquier otro compromiso, así que no te sientas culpable por dedicar tiempo a ti mismo.

No esperes sentirte emocionado en esta etapa. Hacer esta lista probablemente se sintió como una tarea. ¡Eso es normal! El verdadero progreso llega cuando sigues y mantienes un registro.

Ejercicio: Registro de estado de ánimo antes y después de la actividad

Antes de comenzar una actividad planificada, toma nota de tu estado de ánimo. Dale una puntuación de 1 a 10, donde una puntuación de "1" significa "muy poca energía o motivación" y "10" significa "muy emocionado y entusiasta".

Cuando hayas terminado, anota tu puntuación. Cualquier aumento, incluso si es solo uno o dos puntos, es un paso en la dirección correcta. A veces, es posible que tu puntuación no cambie en absoluto. Si sientes que nada lo hace sentir mejor, es posible que incluso disminuya. Está bien. Solo significa que necesitas cambiar tu actividad planificada, o tal vez intentarlo en otra ocasión.

Elige actividades que te acerquen más a la persona que deseas ser.

La activación conductual es más eficaz si eliges actividades que estén en línea con tus objetivos y valores. Por ejemplo, si deseas ser más sociable, establecer el propósito de charlar con un viejo amigo durante 10 minutos por teléfono sería una excelente meta de activación conductual.

Por último, asegúrate de elegir las actividades que deseas realizar, no lo que crees que deberías estar haciendo. Por ejemplo, no te propongas el objetivo de limpiar el baño o hacer las compras. Claro, estas son actividades esenciales, pero el objetivo de la activación es ayudarte a volver a involucrarte con las cosas que disfrutas. No tienes que esperarlo, hazlo de todos modos.

Cuando pruebas la activación conductual, la vocecita en tu cabeza puede decirte cosas inútiles como:

"Esto no funcionará. Nunca disfrutas de nada".

"No puede ser tan simple. No te hará sentir mejor".

"Podría funcionar para otras personas, pero no para ti".

¿El secreto? Pruébalo de todos modos. ¿Qué es lo peor que puede pasar? Incluso si intentas una actividad durante 10 minutos y no te sientes diferente, no has perdido nada. A continuación, puedes volver a intentarlo al otro día o trabajar en otro evento. Si te sientes motivado algunos días, pero otros no, puedes estar seguro de que esto es completamente normal.

El progreso no siempre es lineal cuando se trata de recuperarse de la depresión. Algunos días, te sentirás esperanzado. Otros, se sentirán derrotados incluso antes de comenzar. El truco es seguir adelante. Cuando completes los ejercicios de la activación, felicítate a ti mismo. ¡Tienes todo el derecho a estar orgulloso!

Una vez que tengas alguna evidencia de que la activación conductual funciona para ti, puedes desafiar estos pensamientos negativos utilizando el ejercicio de reestructuración cognitiva descrito. Recuerda: debes identificar los pensamientos que no ayudan, observar cuidadosamente la evidencia a favor y en contra y luego pensar en un pensamiento alternativo más saludable.

¿Cuándo recibir apoyo?

Si has probado los ejercicios de activación conductual varias veces y parece que no te funcionan, puede ser una señal de que necesitas más apoyo de un terapeuta o médico. Por favor, no creas que ha fallado. A veces, la depresión no responde a la autoayuda. Si te sientes muy bajo o no tienes energía para realizar actividades breves de 10 minutos, buscar un profesional médico puede ayudarte a dar los primeros pasos hacia la recuperación.

Siete pasos para resolver problemas

Ubica cuál es el problema.

En algunos casos, es obvio. Por ejemplo, si sabes que necesitas elegir una nueva escuela para tu hijo, resolver el problema es una cuestión de evaluar las escuelas locales y elegir la mejor opción. Por otro lado, algunos problemas no son tan fáciles de precisar. Es posible que sepas que no estás satisfecho en una situación específica, pero los detalles son un poco confusos.

· · ·

Por ejemplo, si sabes que no te gusta ir al trabajo, tendrás que pensar detenidamente sobre la fuente subyacente del problema. ¿Qué tiene el entorno o el trabajo en sí que lo entristece o deprime?

Al reflexionar, puedes descubrir que el problema es: "Necesito encontrar un nuevo trabajo" o "Necesito ser más organizado para poder cumplir con todos mis plazos y tener un tiempo menos estresante en el trabajo".

Cuando hayas resuelto el problema, escríbelo en tu cuaderno. ¡Bien hecho! Has tenido un buen comienzo.

Piensa en una lista de posibles soluciones

Deja que tu imaginación vuele. Reserva media hora para hacer una lista de todas las soluciones que se te ocurran. No te preocupes si te parecen extraños o poco probables. No tienes que mostrarle esta lista a nadie.

Obtén alguna información externa. Pídele a un par de personas de tu confianza que te ayuden a intercambiar ideas. Probablemente se te ocurran algunas ideas en las que no has pensado. Cuando estás atrapado en un estado de ánimo deprimido, tus habilidades para resolver problemas se ven afectadas.

. . .

Es fácil quedar atrapado en una única perspectiva.

Si tienes un problema grave o no puedes confiar en que alguien cercano a ti te ayude, obtén el consejo de un especialista. Dependiendo de tu problema, esta persona podría ser un consejero, un voluntario de la línea de ayuda o un líder religioso en tu lugar de culto.

Para cada solución, pregúntate:
  ¿Cuánto tiempo me llevará?
  ¿Cuánto dinero me costará?
  ¿Necesitaré ayuda externa?
  ¿Será fácil para mí conseguir este tipo de ayuda?
  ¿Necesitaré algún equipo especial, capacitación o recursos?
  ¿Hay alguna consecuencia crítica a largo plazo en la que debas pensar?

Elige la mejor solución

Si tienes suerte, habrás encontrado la solución perfecta.

Desafortunadamente, en la mayoría de los casos, tenemos que comprometernos a la hora de resolver problemas. Escribir los pros y los contras, conforme vas dando el paso, y hablar con los demás es muy importante. Saber que has pensado seriamente en el asunto hará que sea más fácil creer en tu juicio.

Recuerda que nadie toma las decisiones correctas todo el tiempo. Sin embargo, todos podemos hacer todo lo posible para trabajar con la información y los recursos disponibles en ese momento. No caigas en la trampa de posponer una decisión solo porque tienes miedo de equivocarte.

Hacer un plan

Habiendo encontrado tu solución, ahora necesitas hacer una hoja de ruta para el camino a seguir. Tu objetivo es elaborar un plan paso a paso que te deje sintiéndote empoderado en lugar de abrumado. Haga que cada paso sea lo más específico posible.

Por ejemplo, supón que tu objetivo es vender tu casa y mudarte a una nueva ciudad. Uno de tus primeros pasos es averiguar cuánto vale su propiedad. Sería más útil escribir "Programar una evaluación dentro de los siguientes siete días", en lugar de "Averiguar cuándo puedo obtener por mi casa".

Ejecuta tu plan

. . .

Comienza con el primer paso y continúa desde allí. Tómalo con calma y firmeza, incluso las personas que no están deprimidas deben ser pacientes y alentarse a sí mismas al resolver problemas. Es posible que debas desglosar aún más tus pasos.

Ninguna acción es demasiado pequeña siempre que te lleve también hacia tu objetivo.

Otras estrategias que pueden ayudar:

- Planificar una pequeña recompensa por cada paso que des
- Pedirle a un amigo o familiar que te brinde apoyo
- Trabajar en un escenario durante solo 10 minutos a la vez
- Mantener un registro de tu progreso para que pueda ver qué lejos has llegado

Evaluar los resultados

Has llegado a la etapa final de tu viaje de resolución de problemas. Has implementado la solución. ¿Funcionó? Si no es así, ¿qué podrías hacer la otra vez de manera diferente? Quizás sucedió algo inesperado o no obtuviste la información que necesitabas. Todos podemos hacer nuestro mejor esfuerzo, pero hay muchas cosas que están fuera de nuestro control.

Incluso si las cosas no salieron como esperabas, felicítate a ti mismo. Intentaste algo nuevo y eso es algo para celebrar.

Recuerda que la resolución de problemas es una habilidad.

Como todas las habilidades, se vuelve más cómodo con la práctica.

La Experiencia del TCC

Para un cliente, la primera sesión de TCC puede generar muchas emociones, que pueden ser bastante abrumadoras. Por esta razón, se ha reunido sobre qué esperar de su primera experiencia de TCC.

1. Espere que sus nervios vuelen:

Independientemente de si ya estás experimentando ansiedad o no, espera sentirte al límite y sentir cada vez más pánico la mayor parte del tiempo. Estos sentimientos suelen ser el resultado de no saber qué esperar de su primera experiencia.

Ten en cuenta que estos sentimientos son normales y no son motivo de alarma. Entonces, mantén la calma, no estás teniendo un ataque de ansiedad y tu ansiedad no ha empeorado.

2. Espera cierto grado de agotamiento emocional:

Tanto dentro de tus sesiones como en los días siguientes, puedes tender a sentirte más cansado, agotado y cada vez más sensible. Estos sentimientos son un efecto natural del proceso.

De hecho, las sesiones de TCC consideradas más desafiantes y emocionales tienden a producir los mejores resultados a largo plazo.

3. Espera explorar el presente y el futuro en lugar del pasado:

Es un proceso estándar en algunas formas de terapia dedicar tiempo a explorar la infancia del cliente, sus experiencias pasadas y las relaciones con los miembros de la familia. Sin embargo, en la terapia cognitivo-conductual, el caso es diferente. Las sesiones generalmente giran en torno a reentrenar el patrón de pensamiento actual del cliente e identificar nuevas y mejores formas de ayudarte a manejar sus pensamientos y sentimientos para progresar. Esta experiencia puede ser especialmente reconfortante para los clientes que no quieren sacar a relucir su pasado o que están cansados de que los terapeutas busquen pistas de contexto de antaño. Aunque este enfoque es necesario, TCC no lo implementa.

4. Espera un viaje en montaña rusa:

Como ocurre con cualquier otra forma de terapia, los clientes deben aprender a esperar altibajos en el proceso. La terapia cognitivo-conductual no carece de esta característica. En algunas sesiones, es probable que el cliente sienta que está haciendo un progreso significativo, mientras que en otros cursos puede que sienta que no se ha avanzado mucho. Sin embargo, independientemente del sentimiento que acompañó a cada encuentro del proceso de tratamiento, se produjo un aprendizaje. Aunque puede que no parezca así para el cliente, cada reunión de todo el proceso es esencial y no se puede prescindir.

5. Espera que el proceso lleve mucho tiempo:

Los clientes no deben ser ingenuos al pensar que un par de sesiones resolverán por completo tus problemas y los hacen útiles como nuevos. TCC no funciona de esa manera y requiere un período relativamente largo y mucha práctica para que se logre un progreso significativo hacia la solución del problema del cliente. En cierto sentido, el momento parece apropiado, porque durante un período prolongado, el cliente ha utilizado un patrón de pensamiento específico, y cualquier cambio en los hábitos de pensamiento llevará tiempo para que se aplique a fondo.

¿Qué esperar del tratamiento?

La primera parte del proceso de tratamiento está totalmente dedicada a la valoración y evaluación. Proporciona una plataforma para que el cliente se comunique con el terapeuta sobre los desafíos que enfrenta, o cómo preferiría usar la terapia para lograrlo.

Para comprender la condición o los objetivos del cliente, el terapeuta hará algunas preguntas desde varias áreas críticas de la vida del cliente. De acuerdo con los resultados del proceso de evaluación, el terapeuta evaluará sus habilidades y decidirá si son las adecuadas para el caso del cliente. Si el caso del cliente no se ajusta a las capacidades del terapeuta, este último hará una derivación a otro terapeuta más adecuado para manejar al cliente. A veces, cuando se completa la evaluación o la sesión de evaluación, el terapeuta y el cliente deben tener un plan de tratamiento adecuado que describa el tipo de intervenciones que se implementarán en el proceso. En otras ocasiones, puede haber sesiones de evaluación adicionales para crear un mejor curso de tratamiento. Una vez que el cliente haya acordado con éxito un plan de tratamiento recomendado, sabrá si la TCC es o no la mejor forma de terapia para su afección.

Los terapeutas de la terapia cognitivo-conductual realizan sus evaluaciones basándose en el estado actual del cliente.

Sin embargo, a veces tienden a indagar sobre el pasado. Los terapeutas generalmente buscarán respuestas de los clientes a las preguntas que se muestran a continuación:

- ¿Cuáles son los principales factores que desencadenan el problema?
- ¿El problema interfiere con tu vida? Si es así, ¿cómo?
- ¿Cuánto tiempo lleva experimentando estos problemas?
- ¿Cuál es su fuerza impulsora para buscar el cambio?
- ¿Qué tan motivado estás con el proceso?
- ¿De qué manera sus experiencias, compañeros o familia influye en tu estado actual?

Una vez finalizada la sesión de evaluación / valoración, los otros cursos que seguirían estarían orientados a abordar el problema del cliente. Estas sesiones suelen implicar una mayor colaboración entre el cliente y el terapeuta. La razón es que la TCC implica más actividades que otros tipos de terapia. La mayor parte de ese tiempo se utiliza en el aprendizaje y la implementación de habilidades de afrontamiento.

Cada sesión posterior a la sesión de evaluación se utilizaría para resolver los problemas del cliente, a diferencia de la terapia estándar, donde la mayor parte del tiempo se utiliza para hablar sobre los problemas del cliente. Todas las sesiones del proceso suelen seguir una forma similar para asegurarse de que el tiempo se utilice con prudencia. Cada sesión comienza con un breve período dedicado a registrarse, acompañado de un período utilizado en la última sesión y repasar cualquier tarea asignada. Después de este período, el cliente y el terapeuta siguen adelante para crear un plan para esa sesión. El tiempo restante se utiliza para intentar realizar el programa.

Los estudios sobre la terapia cognitivo-conductual revelan que el tratamiento se vuelve cada vez más activo y la mejora tiende a ser más rápida en los clientes cuando la tarea se integra en el proceso de tratamiento. Es posible que se asignen tareas para cada sesión para ayudar al cliente a reforzar las habilidades necesarias para que supere su condición. En los primeros períodos del proceso de tratamiento, la tarea a menudo implica controlar los cambios de humor o registrar comportamientos específicos de patrones durante un período de tiempo determinado, digamos, una semana.

Con el tiempo, la tarea podría crecer para incluir el reconocimiento y la corrección de patrones de pensamiento negativos o la puesta en práctica de un comportamiento recogido en las sesiones de terapia, como aprender a ser asertivo con amigos y familiares.

Existe otra fase del tratamiento después del período de evaluación, es la etapa educativa. Esta etapa es la que sigue en las sesiones siguientes a la primera. En esta etapa, los clientes están informados sobre la psicodinámica de sus problemas. Es decir, cómo su presente y pasado pueden estar afectando o influyendo en su condición presente. Los clientes pueden llegar a saber cómo el cerebro está involucrado en la imposición de pensamientos y patrones de comportamiento, incluso en los casos en los que ninguno de los dos parece productivo. Los clientes también conocerían el modelo de terapia cognitivo-conductual, que ellos, en colaboración con el terapeuta, idearon para el proceso de tratamiento.

Las últimas etapas del proceso de tratamiento implican la experimentación o implementación de los conocimientos aprendidos. El proceso de tratamiento dará un giro hacia el componente cognitivo para ayudar al cliente a decidir patrones de pensamiento mejor. Posteriormente, el trabajo comenzará con la parte conductual que implica la realización de actividades para probar las suposiciones del cliente, así como la capacidad de reconocer y aprender mejores comportamientos en el presente y el futuro.

A medida que el tratamiento llega a sus etapas finales y se han logrado todos los objetivos del cliente, es correcto comenzar a reducir la frecuencia de cada sesión de terapia. En otras formas tradicionales de terapia, se requeriría que los clientes estuvieran en el sistema continuamente durante años interminables. Sin embargo, en la terapia cognitivo-conductual, a los clientes se les enseña a ser terapeutas para ellos mismos.

. . .

En esta línea, cuando el proceso de tratamiento se extiende hacia las partes finales, las sesiones se programan con menos frecuencia para que los clientes puedan depender más de sí mismos para implementar las habilidades que les han enseñado. Hacer esto asegura que el cliente tenga fe en su capacidad para lidiar con cualquier problema que surja después del proceso de tratamiento en lugar de depender del terapeuta.

La parte final del proceso de tratamiento se dedicará a practicar y mantener los conocimientos aprendidos. Así como los patrones de pensamiento y comportamiento se han arraigado en los clientes a lo largo de los años, se requiere mucho tiempo y práctica para remodelar sus acciones y pensamientos. La razón es que la mente normalmente anhelará regresar a su zona de confort donde el comportamiento y los sentimientos no cambian, y solo la práctica persistente puede usarse para condicionarla a actuar y pensar de una manera nueva.

Cuando los clientes finalmente se sienten cómodos aplicando sus conocimientos y habilidades de afrontamiento, el tratamiento ahora está completo y las sesiones terminan. Sin embargo, es útil que los clientes se reúnan de vez en cuando para obtener un punto de vista profesional de su progreso.

¿Cómo identificar patrones de pensamiento negativos?

. . .

Es probable que el pensamiento negativo te robe la confianza que tienes y sientas que no puedes soportar ir delante de la gente. Los pensamientos te infunden miedo y terminas evitando las reuniones sociales. Cuando siempre sometes tus opiniones a pensamientos negativos, resultará en emociones negativas. Puede terminar haciéndolo sentir mal e incluso puede provocar depresión. Los pensamientos que tengas determinarán tu estado de ánimo durante todo el día. Los pensamientos positivos te harán feliz y te sentirás bien. Encontrar una manera de reprimir los pensamientos negativos será de gran importancia para ti. Reemplázalos por otros positivos para que no te atormenten. Algunos de los pensamientos negativos que acompañan a la ansiedad social son:

Pensar que la gente es mala

Cuando estás en un entorno social, cada persona tiende a estar ocupada con sus problemas. Puedes conocer a una persona tranquila y comenzar una amistad si puedes establecer una buena relación. Cuando tienes ansiedad social, es probable que evites a las personas y pienses que las personas no se preocupan por ti. Es posible que sientas que no ven que su importancia está ahí mientras eres tú quien los está evitando.

. . .

Cuando te encuentras en una situación así en un entorno social, es hora de que sepas que tienes que manejar tu ansiedad social. Eso te hará sentir que a las personas que te rodean no les agradas y te odian sin ninguna razón.

Preocupación innecesaria

Es obvio tener preocupaciones innecesarias cuando se tiene ansiedad social. Incluso cuando llegas a tiempo, siempre te preocupa llegar tarde. Darás una mala imagen por llegar tarde.

Cuando estás en un entorno familiar, te preocupa que tu pareja te regañe por llegar tarde. Haces las cosas apresuradamente para no llegar tarde incluso cuando tienes tiempo suficiente para concentrarte en tus pensamientos. Cuando tengas a alguien más que te acompañe, hará que hagas las cosas rápidamente. Piensas que están consumiendo todo el tiempo y serán tu razón de llegar tarde. Incluso, a veces, los amenazará con dejarlos si no hacen las cosas más rápido de lo que ya están haciendo.

Juzgarte a ti mismo

Juzgarte a ti mismo es lo peor que puedes hacer en tu vida, y eso te hará temer. Decidir si encontrarás personas complacientes o no te hará sentir mucha ansiedad social. Te pondrás nervioso cuando empieces a pensar en cómo la gente piensa sobre tu apariencia física.

A juzgar por cómo te verán los demás, tu autoestima bajará.

Las personas que te preocupan pensarán que sí. No lucir sobresaliente puede que no tenga interés en cómo te ves, sino en lo que tienes que entregar. A veces, la gente no presta atención a los pequeños detalles que te hacen juzgarte innecesariamente.

La crítica

Cada vez que sabes que te mezclarás con la gente, temes que te critiquen. Ni siquiera tienes una razón válida por la que te criticarán, pero crees que no es prudente que te unas a ellos. Es un pensamiento negativo y debes dejar de pensar en esa dirección. Nadie te va a criticar sin motivo, y eso no debe considerarse cercano a ti. Temerás ir a reuniones sociales y te negarás la oportunidad de aprender de tus compañeros socios. El miedo a las críticas te convertirá en un introvertido, lo que significará que extrañarás muchas cosas cuando elijas quedarte en casa. Cuando dices algo y consigues que alguien te desafíe, te ayudará a ser más creativo. La crítica no es mala, aunque a las personas con ansiedad social no les guste una situación sujeta a críticas. Evitarán tales situaciones a toda costa por temor a la humillación.

Prejuicio

Aunque es prudente pensar en el futuro, el arte de juzgar tiende a ser perjudicial. En otras palabras, el aspecto de prejuzgar situaciones tiende a ser peor, especialmente cuando se quiere decir lo contrario de las expectativas.

En la mayoría de los casos, el trastorno de ansiedad social tiende a hacer que las personas decidan los resultados de una situación particular. Vale la pena señalar que se hace un prejuicio con respecto a la historia o más bien un pronóstico de lo que podría suceder en el futuro.

Transferencia de culpa

Cuando una sociedad o los compañeros acumulan una presión innecesaria sobre alguien, las posibilidades de no dar en el blanco son bastante fáciles. En otras palabras, uno pierde rápidamente el enfoque y pierde el punto. Como forma de evadir la vergüenza o más bien el castigo, las víctimas, en la mayoría de los casos, transfieren la culpa. Por ejemplo, si tienes problemas para tratar con académicos, la víctima puede comenzar a afirmar que el tiempo no fue suficiente para deliberar sobre todos los temas. Otros pueden asociar sus fallas con los cambios climáticos o la falta de condiciones favorables para el trabajo. Hay casos en los que las víctimas tienden a ser genuinas y afirman que las enfermedades son la causa de su fracaso. Sin embargo, el arte de transferir culpas de un punto a otro tiende a ser perjudicial y muestra signos de irresponsabilidad.

Dilación

Uno de los efectos significativos de la ansiedad social es que provoca que uno no pueda deliberar sobre los deberes y transferirlos a otro día.

En otras palabras, la dilación se convierte en la orden del día. Sin embargo, vale la pena señalar que, con la procrastinación, las expectativas nunca se cumplen. El miedo, así como la sensación de ansiedad, se instala. En otras palabras, la víctima comienza a sentirse como si fuera un fracaso en el colectivo y pierde el enfoque. Se pierde más tiempo tratando de recobrarse. Se instala más miedo y la víctima puede terminar inquieta. La gestión inadecuada del tiempo es la causa principal de la postergación. En otras palabras, la falta de planificación hace que las personas sigan trabajando en los mismos problemas y se olviden de otros. Por ejemplo, los académicos pueden dedicar más tiempo a las materias que les gustan y olvidarse de las demás. En otras palabras, pueden terminar olvidándose de que todos los elementos serán examinados a largo plazo. Las sensaciones traen más miedo e inquietud.

Descubre las causas de tus patrones de pensamiento negativos

El otro desafío es identificar las fuentes de tus pensamientos negativos. Por ejemplo, si uno de tus pensamientos negativos es "Soy feo, no le agrado a nadie" trata de comprender la acción o el evento que desencadenó este pensamiento. Ser bueno identificando las causas de nuestros pensamientos negativos nos llama a ser introspectivos. Quizás la fuente de tus pensamientos negativos sea a causa de algún abuso infantil. Si un familiar cercano te dijo que no eres hermosa, es posible que te lo hayas tomado en serio, y desde entonces has estado buscando pruebas que respalden tu creencia errónea. Un miembro del sexo opuesto puede mirarte con el ceño fruncido, por otras razones, pero aun así deducirás de su expresión facial que te encuentra feo.

Resalta los patrones de pensamiento inútiles

Una cosa es tener patrones de pensamiento negativos y otra tener patrones de pensamiento inútiles. También se conocen como creencias fundamentales. Los patrones de pensamiento inútiles están arraigados en la psique de una persona. Los patrones de pensamiento inútiles tienden a estar divorciados de la realidad. Por ejemplo, si te has estado diciendo a ti mismo "Soy estúpido" durante el tiempo suficiente, dejará de ser solo un pensamiento negativo y se convertirá en una creencia fundamental. Esto te llevará a rechazar automáticamente oportunidades y personas que consideres demasiado inteligentes para ti.

Haz una lista de las consecuencias de tus pensamientos negativos

Para estar más involucrado en el cambio activo de tus patrones de pensamiento negativo, debes identificar las consecuencias que sufres. Por ejemplo, si tu pensamiento negativo, soy un tonto, hace que te separes de tus compañeros o que te impida buscar las oportunidades que te mereces. Toma nota de estas consecuencias para que puedas aumentar tu determinación de cambiar tu situación. En un momento, habrás tenido suficiente y decidirás que quieres cambiar. También puedes enumerar las experiencias negativas del pasado y las consecuencias resultantes de patrones de pensamiento negativos.

Mantén un registro de tus pensamientos

En una hoja de trabajo, registra la cantidad de pensamientos negativos que experimentas diaria o semanalmente. Además, anota las ideas que apoyan el pensamiento y las ideas que no apoyan una opinión. Por ejemplo, si uno de tus pensamientos negativos es "Soy un perdedor", los planes que no recomiendan este pensamiento negativo incluyen: "Soy una gran persona", "Tengo una mente aguda" y "No lo sé ¡Necesito agradar a todos!" Trata de determinar los días durante los cuales experimentas casos bajos de patrones de pensamiento negativos y los días en que la negatividad se dispara por las nubes.

Evita el lenguaje negativo

Crea una lista de palabras negativas que uses con frecuencia. Por ejemplo, "no puedo" y "no quiero" y toma la decisión consciente de usar palabras más equilibradas como "a veces" o "la mayor parte del tiempo". Cuando tienes una forma de pensar negativa, afecta incluso al lenguaje que usas. Pero debes hacer un esfuerzo consciente para alterar esta situación. Al desarrollar un estilo que promueva la positividad, enviarás un mensaje a tu cerebro para desafiar tus patrones de pensamiento negativo.

Explora la conexión entre tus emociones y pensamientos negativos. Siempre que experimentes una emoción negativa, comienza cuestionando el pensamiento detrás de él. Por ejemplo, si obtienes ansiedad o depresión, vuelve a la sensación que acababas de tener. Descubrirás que la atmósfera era depresiva.

Por ejemplo, es posible que te hayas preguntado por qué has tardado tanto en lograr el éxito o por qué no te has conformado, o puede que simplemente hayas pensado que no es lo suficientemente bueno. Siempre controla tus pensamientos y toma nota de los pensamientos negativos. Cuando detectas una opinión negativa lo suficientemente temprano, es fácil enmendarla. Por ejemplo, en lugar de pensar, no soy lo suficientemente bueno para usar un mantra, quieres pensar, ¡yo soy una gran persona!

Elige explicaciones positivas

No importa cómo tus acciones parezcan convencionalmente terribles, siempre puedes racionalizarlas. Por ejemplo, si tuviste un hijo cuando aún eras joven, en lugar de verlo como si desecharas tus sueños, míralo como traer algo nuevo al mundo.

El mismo caso se aplica a tus pensamientos. En las ocasiones en que experimentes pensamientos negativos, querrás encontrar una explicación positiva o realista.

Haz una lista de las cosas por las que estás agradecido

Es bastante fácil pasar por alto las muchas cosas positivas de tu vida cuando estás luchando contra los pensamientos negativos.

. . .

Para cambiar tu forma de pensar de la negatividad a la positividad, debes enumerar aquello por lo que estás agradecido. Algunas de las cosas por las que debería estar agradecido son la familia, los amantes, las mascotas y el hogar.

Siempre que no cumplas con tus expectativas, piensa en lo que ya tienes y cierra la puerta a los patrones de pensamiento negativos.

Practica la atención plena

En lugar de perderte en los pensamientos negativos que deambulan por tu mente, aprende a cambiar tu enfoque hacia el presente. Presta atención directa a las cosas que estás haciendo en ese momento, como comer, beber y otras actividades diarias.

Romper los patrones de pensamiento negativos

Durante el día, tienes más pensamientos automáticos de los que puedes imaginar. Estos pueden variar desde notar el color de la camisa de alguien hasta registrarse cuando una persona decide incorporarse a tu carril mientras conduce. E instintivamente reduce la velocidad lo suficiente para que el conductor tenga suficiente espacio para rebasarlo. Estos pensamientos automáticos son juicios rápidos que influyen en su comportamiento sin ocuparse de sus procesos de pensamiento consciente.

Al no concentrarte en estos comportamientos automáticos, puedes preocuparte por pensamientos más complicados que requieren más cognición en su lugar, como preocuparte por tu fecha límite de trabajo o cómo programaras tu noche.

Estos pensamientos surgen espontáneamente, pero se ignoran u olvidan rápidamente, ya que apenas son relevantes para continuar con tu día. No piensas en por qué necesitas reducir la velocidad al acercarte a un semáforo, ni piensas en cómo reducir la velocidad, simplemente lo haces y continúas conduciendo. Estos pensamientos involuntarios y reaccionarios son tus pensamientos automáticos. Pueden ser neutrales o pueden estar en algún lugar de la escala positiva o negativa. Si bien estos pensamientos están destinados a ser útiles, a veces pueden estar sesgados y volverse perjudiciales.

Cuando los pensamientos automáticos se vuelven perjudiciales, se consideran pensamientos automáticos negativos. Este es uno de los tipos de ideas que TCC busca corregir. Los pensamientos automáticos negativos son en su mayoría inconscientes y colorean tu percepción de lo que sucede a tu alrededor. Estos son pensamientos subyacentes de indignidad, inutilidad y sentimiento de no ser amado, o creer que no eres importante o no eres inteligente. Estos pensamientos pueden haber sido internalizados a través de experiencias pasadas y colorean tu percepción de todo. Cada vez que algo sale mal, tu pensamiento negativo automático se sentirá justificado. Por ejemplo, si tomas un camino equivocado en tu camino a un nuevo restaurante para conocer a alguien, puedes decirte inmediatamente: "¡Vaya, por supuesto, lo arruiné y perdí mi turno! Ni siquiera puedo seguir correctamente mi GPS sin estropear nada. Ahora llegaré tarde y mi amigo se va a enfadar".

Las cosas podrían haber estado bien antes de ese momento, pero tan pronto como cometiste un error, te castigaste.

Esa diatriba es un ejemplo del comportamiento causado por un pensamiento negativo automático. En ese caso, el pensamiento negativo intuitivo era probablemente sentimientos de inutilidad o falta de inteligencia. El pensamiento negativo automático es tu reacción automática de golpearte a ti mismo ante cualquier signo de fracaso percibido. El trasfondo del pensamiento es que crees que eres inútil, poco inteligente y no deseado. Si tú te hubieras dicho a ti mismo: "Soy estúpido y no le agrado a nadie", probablemente reconocerías que esa es una afirmación incorrecta, pero esa es la implicación cuando se dijo lo que se hizo a sí mismo. Estos pensamientos automáticos negativos pueden resultar en una reacción exagerada, como gritarle a un camarero que deja caer una taza o romper a llorar porque accidentalmente olvidaste enviar un mensaje tonto y sin importancia a un amigo cuando le dijiste que lo harías. TCC te enseñará cómo identificar y corregir estos pensamientos con una variedad de habilidades diferentes.

Distorsiones cognitivas

Al igual que los pensamientos automáticos negativos, las distorsiones cognitivas son pensamientos automáticos. Aun así, están distorsionados o son evidentemente falsos de alguna manera o forma. Estas son creencias que puedes tener y tomar al pie de la letra, pero algo en ellas es inexacto. Piensa en esto como en la lógica: si un argumento lógico no es sólido, es esencialmente inútil y puede descartarse por no ser sólido.

Por ejemplo, el argumento, "Si salto tres veces en este momento, entonces el volcán entrará en erupción repentinamente." Salta tres veces; por lo tanto, el volcán estará explotando, es lógicamente válido, lo que significa que la estructura del argumento sigue la lógica de patrón de reglas conocido como "modus ponens". Sin embargo, cualquiera puede mirar ese argumento y reconocer que es una tontería, incluso si sigue el patrón. Tal como los argumentos pueden ser erróneos o irrazonables, al igual que las creencias acerca del mundo.

Estas distorsiones cognitivas pueden ser cualquier cosa, desde ver a tu vecino de mal humor hasta decidir automáticamente que es culpa tuya. De alguna manera logras racionalizar el salto del punto a al b, usando distorsiones cognitivas. Debido a que tus creencias en tu esencia son lo que es defectuoso, no tienes problemas para aceptarlo más rápido de lo que aceptarías el argumento sin sentido sobre los saltos y los volcanes en erupción. Te ajustas al patrón muy lógico que has desarrollado y encajas en tu argumento, por lo que no ves ninguna razón para pensarlo dos veces o desafiarlo, incluso si lo dejas sintiéndote deprimido, ansioso o enojado.

Estas distorsiones cognitivas pueden identificarse, aunque requiere tiempo y esfuerzo. Por lo general, siguen patrones o falacias específicas. Por eso, si analizas tus creencias centrales más profundas, comenzarás a identificar cuáles de ellas se han distorsionado.

Reestructuración cognitiva

La reestructuración cognitiva es el proceso de alterar tu forma de pensar. La TCC reconoce que los pensamientos, sentimientos y acciones son un ciclo sin fin en el que los pensamientos influyen en los sentimientos, que influyen en las acciones, que a su vez influyen en los pensamientos. Todo lo que haces se alimenta de este ciclo sin fin. La TCC busca interrumpir este ciclo para cambiarlo. Por ejemplo, imagina que eres alguien con un problema de ira. A menudo piensas en las cosas negativamente, lo que te mantiene de un humor negativo, lo que te hace arremeter de ira, lo que solo te hace pensar aún más negativamente sobre lo que desencadenó el arrebato en primer lugar.

La TCC interrumpe uno de esos aspectos, normalmente pensamientos o acciones, que altera todo el ciclo. Por ejemplo, si la causa del arrebato de ira fue que no te gustaba un restaurante al que tu familia eligió ir a cenar, por lo que ya estabas de mal humor cuando entraste por la puerta, lo que contribuyó a su explosión, es probable que la TCC busque cambiar tu pensamiento negativo. En lugar de estar molesto en el restaurante, la TCC te pedirá que te concentres en el aspecto positivo del evento, como ir a cenar con tu familia y disfrutar de la ocasión, incluso si la comida no es tu favorita. Al concentrarte en disfrutar de tu familia, es probable que estés de mejor humor, lo que lo hace menos propenso a reaccionar explosivamente con ira. Esta reestructuración cognitiva se utiliza mucho para desafiar tanto los pensamientos automáticos negativos como las distorsiones cognitivas.

Creencias fundamentales

Las creencias fundamentales son las creencias que tienes sobre ti mismo. Pueden ser negativas o positivas, pero colorean cada interacción que tienes con los demás y cómo percibes el mundo que te rodea. Estas creencias fundamentales son en gran parte inconscientes, pero pueden identificarse mediante mucha introspección y autorreflexión. Por lo general, estas creencias se desarrollan durante un período prolongado, que generalmente comienza en la infancia o a través de eventos importantes de la vida. Estas son creencias típicamente rígidas. Estarás de acuerdo con ellos, incluso yendo tan lejos como para forzar inconscientemente lo que está sucediendo a tu alrededor para que encajes en las creencias centrales mientras niegas o ignoras cualquier cosa que lo contradiga.

Por ejemplo, alguien con depresión puede ver cada interacción negativa que tiene como una señal de que no es digno de amor o que no tiene valor para todos los que lo rodean. Sin embargo, estará virtualmente ciego ante cada caso de aquellos que se preocupan por él haciendo todo lo posible para demostrar que les importa, como enviarle un texto tonto de un meme que ven en internet que saben que él apreciará o darle su comida favorita en su cumpleaños.

Estas creencias fundamentales pueden ser distorsiones cognitivas o estar coloreadas por pensamientos automáticos negativos, que es importante comprender. Una vez que comprendas cómo te sientes contigo mismo, puedes decidir si te gusta cómo te sientes. Si lo haces, sabrás que estás seguro de ti mismo. Si no lo haces, puedes comenzar los pasos de reestructuración cognitiva para modificarlos.

Desencadenantes emocionales

. . .

A veces, algo que nos rodea de repente desencadena una abrumadora sensación de emoción negativa. Podrías haber estado charlando alegremente con alguien y, en un abrir y cerrar de ojos, de repente sentiste que tu sangre hervía, tu pulso se aceleraba y no pudiste decidir entre gritarle a alguien o golpearlo.

Esta reacción se llama desencadenamiento emocional. Es posible que sepas durante o después del hecho que tu reacción es irracional y desproporcionada. Aun así, a pesar de eso, no puedes controlarlo. Lo mejor que puedes hacer es tratar de comprender cuál es tu desencadenante emocional para poder planificar una forma de evitar estallar en el futuro.

Los desencadenantes emocionales suelen estar relacionados con algún tipo de trauma que ha provocado que internalices una fuerte reacción a cosas que te recuerdan al trauma.

Alguien que sufrió una relación abusiva podría ser provocado por alguien que diga una frase común si fue una que la pareja abusiva le dijo con regularidad. El sonido de los ladridos puede desencadenar a alguien traumatizado por el ataque de un perro a una edad temprana. Alguien en casa después de la guerra puede ser provocado por sonidos fuertes que recuerdan a explosiones o disparos.

. . .

Comprender cuáles son tus desencadenantes emocionales te ayudará a comenzar el proceso de reestructuración cognitiva para volver a capacitarte y dejar de ser menos reactivo ante ellos. Si eres consciente que reaccionas negativamente a las personas con barbas que te sorprenden, existen métodos que puedes utilizar para desensibilizarte, para que tus reacciones no sean tan fuertes ni negativas. Mediante una combinación de reestructuración cognitiva y exposición a su desencadenante en un entorno controlado, podrás superar estos desencadenantes emocionales y dejar de permitir que gobiernen tu vida.

Buscamos formas de descubrir y cambiar nuestros pensamientos automáticos negativos. Vamos a explorar qué impulsa esos pensamientos negativos. ¿Por qué nuestras mentes producen esos patrones de pensamiento con tanta rapidez y sin esfuerzo? Profundizaremos en la naturaleza de nuestros procesos de pensamiento y descubriremos que hay creencias profundamente arraigadas que subyacen a nuestros pensamientos cotidianos y se modifican a través de la TCC.

El concepto de una creencia central captura la idea de que nuestros pensamientos automáticos negativos no son aleatorios. Cuando prestamos atención a lo que hacen nuestras mentes, encontraremos temas que se repiten una y otra vez. Los temas específicos variarán para cada uno de nosotros;

nuestras respuestas típicas a situaciones desencadenantes revelarán nuestras propias creencias fundamentales.

Una creencia fundamental es como una estación de radio: las canciones pueden diferir, pero pertenecen al mismo género: country, jazz, hip-hop o clásica, por ejemplo. Cuando sintonizas una estación, sabes qué tipo de canciones esperar.

De la misma manera, nuestras creencias fundamentales dan pie a pensamientos predecibles. Por ejemplo, la creencia central de Simón de no ser apreciado desencadenó pensamientos negativos automáticos sobre la falta de gratitud de los demás.

Al notar las "pistas" que tu mente reproduce a menudo, descubrirás a qué frecuencia está sintonizado. Con la práctica, puedes desarrollar la capacidad de cambiar de estación.

¿Por qué tenemos creencias fundamentales?

Nuestros cerebros tienen que procesar una cantidad increíble de información. Imagina que estás caminando por una gran ciudad en busca de un restaurante donde te encuentres con un amigo. Cuando ingreses al restaurante, tus sentidos serán bombardeados con innumerables estímulos: personas de pie, otras sentadas, varias habitaciones, etc. Si tuvieras que procesar cada estímulo conscientemente, llevaría una enorme cantidad de tiempo averiguar la configuración.

Afortunadamente, nuestras mentes contienen "mapas" que nos ayudan a entender rápidamente la situación, asumiendo que no es la primera vez que estamos en un restaurante. Conocemos al anfitrión, quien nos saluda, así que le explicamos que nos vamos a encontrar con un amigo que se unirá a nosotros en breve. No nos sorprende en lo más mínimo cuando el anfitrión nos entrega un trozo de papel después de que nos sentamos, que sabemos que enumerará los alimentos y bebidas y el precio de cada uno.

Toda nuestra comida se desarrollará de manera predecible al pagar el cheque y despedirnos del anfitrión al salir.

Este ejemplo muestra que nuestros cerebros desarrollan atajos basados en el aprendizaje previo. Una vez que conocemos una experiencia individual, podemos navegarla de manera eficiente. Esta habilidad indica que traemos conocimiento organizado a la experiencia, apoyándote en un modelo interno que guía nuestro comportamiento.

De la misma manera, nuestras estructuras de desarrollo mentales nos ayudan a lidiar con situaciones potencialmente emocionales como el rechazo, el éxito, el fracaso, etc. Por ejemplo, si experimentamos una pequeña falla, como perder el tren y llegar tarde a una reunión, podríamos pensar que somos irresponsables y responder con sentimientos de culpa y arrepentimiento. Podríamos entrar a la reunión de manera tentativa y con palabras y un comportamiento que sugiera no solo un "lo siento" si no también "he hecho algo malo". Estos pensamientos, sentimientos y comportamientos emanan de la creencia fundamental de que soy inadecuado. Llegar tarde a la reunión no causó tanto esa creencia como la confirmó: "Mira, aquí hay otro ejemplo de cómo soy defectuoso".

Mantener una creencia central diferente daría lugar a un grupo de respuestas muy inusual. Si creo en un nivel fundamental que soy una persona valiosa, puedo ver mi tardanza como lamentable pero no indicativa de mi valor general.

Sin duda, experimentaría menos estrés en mi viaje al trabajo, ya que mi valor como ser humano no depende de si llego a tiempo. Incluso si mi jefe señalara que llego tarde, no tendría un impacto significativo en cómo me siento conmigo mismo.

Identificar tus creencias fundamentales

Piensa en los pensamientos automáticos negativos que a menudo surgen para ti. ¿Notas algún mensaje repetitivo?

. . .

Puedes registrar esos pensamientos haciendo un pequeño diagrama donde dibujes un círculo en el centro y varios círculos alrededor y escribiendo los que te vengan a la mente.

Al considerar estos pensamientos automáticos, ¿encuentras una creencia central que los une a todos? Si es así, escríbalo en el espacio del medio. Por ejemplo, Ana tenía mucha ansiedad por su salud. Completó el diagrama de creencias básicas.

Cuando Esther voló en un avión, interpretó cada golpe de turbulencia como una señal de un accidente inminente.

Podríamos esperar que muchos aterrizajes seguros debilitarían su miedo a volar, ya que proporcionan evidencia en contra de su miedo. Sin embargo, las creencias fundamentales actúan como un filtro que solo deja entrar la información que confirma nuestras sospechas. Cada vez que Ana volaba, tenía pensamientos automáticos como "¡Estamos perdiendo altitud!" eso la hizo pensar que había escapado por poco de una muerte prematura. En lugar de sentirse más segura, estaba convencida de que si ocurría otra vez no tendría tanta suerte.

Como aprendió Ana, las creencias fundamentales y los pensamientos automáticos actúan de manera que se perpetúan a sí mismos, siendo cada uno la causa y la consecuencia del otro. A medida que te vuelves más consciente de tus patrones de pensamiento, estás atento a los casos en los que tus creencias fundamentales estén interfiriendo con una visión objetiva de la realidad. Este proceso requiere prestar mucha atención a la presencia de errores de pensamiento en situaciones específicas, cuidando de no creer todo lo que nuestra mente nos dice.

Ten en cuenta que las creencias fundamentales negativas pueden permanecer inactivas cuando nos sentimos bien y emerger cuando nos sentimos atrapados por una emoción fuerte. Las personas propensas a la depresión son especialmente propensas a mostrar un aumento en las creencias negativas cuando experimentan un estado de ánimo negativo, lo que aumenta el riesgo de futuros episodios de depresión. Afortunadamente, podemos entrenar nuestras mentes para protegernos contra las recaídas, ya que las personas que han usado la TCC muestran un aumento menor en el pensamiento negativo durante los estados de ánimo bajos.

También puedes utilizar la técnica de la flecha hacia abajo para llegar a tus creencias fundamentales. En cada paso, pregúntate qué significaría si tu pensamiento fuera correcto.

Ana usó la técnica de la flecha hacia abajo para examinar las implicaciones de su pensamiento automático acerca de tener cáncer: puede usar la técnica de la flecha hacia abajo para explorar su propias creencias fundamentales.

¿De dónde proceden nuestras creencias fundamentales?

Una parte significativa de la tendencia a experimentar emociones negativas, lo que los investigadores de la personalidad denominan "neuroticismo", depende de nuestros genes, y la investigación ha demostrado que las creencias fundamentales están ligadas a nuestros niveles de neuroticismo. Es poco probable que las diferencias genéticas expliquen las creencias fundamentales específicas que mantenemos. Estas creencias particulares dependen de nuestras experiencias de vida.

Lucía lucha constantemente contra los sentimientos de no ser lo suficientemente buena de alguna manera. Ella ha tenido este sentimiento desde que tiene memoria y recuerda un sentimiento similar desde el jardín de infancia. Había luchado con el TDAH cuando era niña y, aunque era muy inteligente, había llegado tarde a aprender a leer. Sus padres hicieron que repitiera el jardín de infancia cuando se mudó a los distritos escolares para darle la oportunidad de ponerse al día con sus compañeros.

. . .

La hermana pequeña de Lucía, Georgina, estaba leyendo antes de los cinco años, y sus padres frecuentemente elogiaban a Georgina por su comportamiento tranquilo y éxito en la escuela. Como adulta que es, ahora mira hacia atrás, Lucía sospecha que sus sentimientos de insuficiencia se basan en parte en la decepción que sintió de sus padres y en su creencia de que amaban a Georgina más de lo que la amaban a ella.

Es poco probable que un solo evento de desaprobación de los padres o burlas leves deje una marca duradera. Sin embargo, un patrón general de tratamiento probablemente determinará la forma en que los individuos ven el mundo y se ven a sí mismos. Si el evento es lo suficientemente traumático, incluso un solo episodio puede moldear nuestras creencias. Por ejemplo, un asalto puede cambiar nuestra opinión sobre lo seguro que es el mundo, al igual que una única traición puede alterar nuestra capacidad de confiar en los demás.

También podemos desarrollar creencias fundamentales basadas en cosas que observamos a medida que crecíamos. Por ejemplo, si fuimos testigos de que nuestro padre siempre está estresado por las finanzas, es posible que hayamos desarrollado una creencia fundamental sobre la escasez económica. O si nuestra madre nos advertía continuamente que tuviéramos cuidado, podríamos desarrollar una creencia fundamental sobre el mundo como un lugar de constante amenaza.

. . .

Algunas de las creencias que desarrollamos antes en la vida pueden haber tenido sentido en ese momento, pero ahora son menos útiles. Por ejemplo, un niño que creció con un padre abusivo podría haber aprendido que defenderse a sí mismo sólo lo llevó a más abuso.

Como resultado, desarrolló la creencia central de ser indefenso, que reflejaba la impotencia de su situación. Décadas después, esta creencia puede persistir, aunque ya no sea un niño dependiente.

Tómate un tiempo para pensar en tu historia. ¿Hay algún evento que se destaque como posible contribuyente a sus creencias fundamentales? ¿Cuáles fueron las dinámicas familiares predominantes a medida que crecía? ¿Qué le enseñaron antes en la vida, intencionalmente o no? ¿Y cómo podrían estas experiencias haber afectado su visión del mundo, de otras personas y de usted mismo? Tómate un tiempo para escribir tus pensamientos en tu diario.

16

Consejos Para Controlar El Toc

Todos los días tenemos que lidiar con muchos desafíos diferentes. Por lo general, superamos estos obstáculos con mucha facilidad. Pero a veces podemos estresarnos mucho y, como resultado, experimentar ataques de pánico. Los síntomas de estos ataques pueden incluir dificultad para respirar, sudoración intensa, indigestión y latidos cardíacos anormales.

Si experimentamos ataques de pánico con bastante regularidad, pueden convertirse en un estado de ansiedad. La condición de ansiedad más común es el Trastorno Obsesivo Compulsivo, también conocido como TOC (que es el tema que hemos abordado a lo largo de este libro.

El TOC comienza con ideas, miedos y pensamientos injustificados. El trastorno obsesivo compulsivo le hace creer que al realizar una determinada acción repetidamente puede evitar que sucedan cosas malas y, por lo tanto, ayudar a eliminar su miedo.

Algunos ejemplos de TOC pueden incluir la preocupación de contraer una enfermedad contagiosa o la preocupación de que se olvidó de cerrar la puerta de su automóvil. Es perfectamente normal que todo el mundo tenga estos pensamientos, pero si se vuelven demasiado obsesivos, pueden perturbar su vida.

Los pensamientos obsesivos desencadenarán compulsiones. Las compulsiones son eventos recurrentes y cualquier persona con trastorno obsesivo compulsivo utilizará las compulsiones para aliviar sus miedos y tensiones. Por ejemplo, si te preocupa contraer una enfermedad contagiosa, puedes comenzar a lavarte y restregarte las manos cada media hora para mantenerte saludable.

Algunos otros ejemplos pueden incluir la reorganización de todos los elementos de tu apartamento o casa, la creación de listas largas o el conteo en voz alta para evitar que ocurran situaciones adversas. Cuando estos eventos recurrentes no se logran, pueden provocar ataques de ansiedad graves.

Aunque el trastorno obsesivo compulsivo es una afección grave, existen tratamientos probados para ayudar a las personas que sufren TOC. La terapia es una opción. La más común es la terapia de exposición, que coloca a las personas en situaciones estresantes, pero luego se les instruye y no se les permite realizar sus compulsiones o comportamientos recurrentes.

Por ejemplo, si te preocupa enfermarte, es posible que tengas miedo de tocar objetos y otras personas. La terapia de exposición haría que tú te pusieras en contacto con personas y no se te permitiría desinfectarte ni lavarte las manos.

Otro tipo exitoso de terapia es la Terapia Cognitiva Conductual. Aquí es donde un terapeuta te ayudará a cambiar tu forma de pensar para manejar mejor las circunstancias estresantes. A los pacientes con trastorno obsesivo compulsivo también se les puede recetar medicamentos. El medicamento más común para el TOC es un mareante.

El estrés siempre se producirá en nuestra vida cotidiana. Si sabemos cuidar correctamente este estrés, no tenemos porqué preocuparnos por ataques de pánico. Sin embargo, cuando este estrés se apodera de nosotros podemos desarrollar estados de ansiedad como el Trastorno Obsesivo Compulsivo. Pero el TOC se puede controlar y por lo tanto podemos vivir una vida normal.

. . .

Testimonios reales

Por último, te voy a presentar casos de personas que han sido víctimas del trastorno obsesivo compulsivo y sus experiencias al vivir con él, al igual de ciertas características del cómo se dieron cuenta que algo no estaba bien.

Andrés, 36 años

Todo empieza más o menos a finales de los años 80. Un niño de unos 14 años se acuesta por la noche, Andrés al día siguiente tenía un examen y algo más iba a suceder, aunque él aún no lo sabía. Lo que estaba por descubrir era que tenía un trastorno, una enfermedad… en realidad algo que no lo dejaba ni respirar.

En silencio, a las 12 de la noche, sin saber por qué, empezó a contar, no sabía por qué lo hacía y tampoco le dio mucha importancia, de pronto, empezó a sentir ansiedad al no poder parar de contar, aparte de tener que hacerlo de una manera muy específica. Mientras tanto, todos en su casa estaban durmiendo, eran las 3 de la mañana y los números seguían en su cabeza, se seguían juntando. Sin saber cómo es que por su cabeza llegó a la conclusión de que: si no conseguía completar las secuencias su suerte se vería afectada, suspendería su examen. Después de ese día, ese tipo de pensamientos estuvieron acompañando a Andrés.

• • •

Andrés ha vivido con estos pensamientos durante muchos años, pero hace cuatro años tomó la decisión de cambiarlo y ahora los pensamientos aparecen, pero no lo dominan y sigo con su vida. De todos modos, cree que dentro de él hay algún tipo de fuerza especial ya que, aunque le golpea cada día con la misma fuerza, siempre se enfrenta a él con las mismas ganas, energía y convencimiento de que, tarde o temprano, lo vencerá. Puede que este pensamiento no sea más que una forma de autoengaño, pero a Andrés le sirve y por ahora eso es más que suficiente.

Ricardo, 16 años

Siempre, por la tarde, cuando recogen las cosas de clase para irse a casa, siempre desde hace ya algún tiempo, Ricardo mira la cajonera de debajo de la mesa para ver si se le olvido algo.

Al principio lo hacía sin pensar, pero al final tenía que hacerlo todas las tardes varias veces seguidas, incluso volviendo a clase cuando ya había salido a la calle.

Adriana, 30 años

Esta lavando los platos y de repente se le mete un pensamiento en la cabeza "ahora voy a tener que contar cuántas veces parpadeo". No creía que tenía que hacerlo para que no pase nada malo sino porque su cabeza la obliga a hacerlo. Porque Adriana no es capaz de controlar sus pensamientos, porque cree que esta loca y ahora no va a poder parar de contar sus parpadeos y no va a poder hacer ninguna otra cosa. Esto refuerza su idea de que su cabeza está loca y totalmente fuera de mi control.

Esto es lo que más le preocupa de su TOC, por más que se lo digan hay momentos en que cree que su cabeza toma el control por sí misma y ella no puede hacer nada para pararla.

Y cree que algún día será así realmente y que su cabeza tomará el control de forma definitiva. No habrá vuelta atrás, se habrá vuelto loca.

Erika, 24 años

A veces le da por pensar cosas muy raras, esto le ocurre a Erika desde que era pequeña. Muchas veces le preguntaba a su madre si ella también pensaba cosas parecidas. La verdad es que su madre la miraba entre extrañada y preocupada, con mucho cariño le decía: "no hija, a mí no me pasa, pero no te preocupes, no tiene importancia". Pero si, sí que la tenía y cada vez ella iba teniendo más la sensación de ser rara, diferente, de estar loca, de que si tiene esos pensamientos tan raros es porque hay algo extraño y diferente en ella.

Una sensación extraña que sufre a menudo es la sensación de no estar dentro de ella, como si fuera otra persona, como si se viera desde la distancia, haciendo o pensando cosas que ella no siente. Según ha leído a esto se le llama despersonalización, y ¿cómo puede ser que alguien se sienta otro y no esté loco?

Sofía, 43 años

Todos los comentarios y gestos que la gente hace a su alrededor Sofía están convencida de que van dirigidos a ella. Si escucha a su vecina diciendo: "Últimamente fulanita está engordando mucho". Inmediatamente piensa que lo está diciendo por ella, cree que la vecina no quiere hacerle daño y por eso no se lo dice directamente.

Cuando pasa por delante de alguien y sonríe piensa que se está riendo de ella, que está pensando "pobrecita, mira que ridícula ¿dónde va con esa pinta?"

Olga, 16 años

. . .

Uno de sus mayores miedos es perder el control, que su cabeza se apodere de ella y termine haciendo daño a alguien porque a veces piensa en ello. Piensa que sería muy fácil matar a su hermanito, no le costaría nada, es tan pequeño, tan indefenso… y ella cree que ¡las personas normales no piensan en este tipo de cosas!

Alejandra, 35 años

Tiene miedo de mirarse al espejo. Tiene miedo, miedo de verdad a mirarse fijamente. A veces pasa varios días sin mirarse, ni espejos, ni escaparates por miedo a quedarse mirando fijamente.

Realmente lo que le da miedo es perderse en la imagen, a dejar de ser quien es, transformarse o ver de verdad de qué está hecha. Siente como si fuera a ver su alma atormentada, también tiene miedo a ver cómo se está transformando, convertirse en otra cosa, es algo muy extraño para ella.

Christian, 32 años

Hay una serie de cosas que Christian tiene que hacer para que no pase nada malo, para no atraer a la mala suerte y a las desgracias.

- No pisar las alcantarillas, saltar por encima o rodearlas
- Oler varias veces las cosas, a veces basta con 3 veces otras con 7, incluso 15.
- Si se da un golpe contra algo, tiene que darse a propósito también con el otro lado. El otro día se le cayó media docena de huevos al suelo por andar tocándolos varias veces y por diferentes lados
- Si pisa algo con un pie, tiene que pisar a propósito lo mismo con el otro pie
- Si va a llevar algo a la lavadora y una toalla al baño, aunque el baño este antes que la lavadora primero mete la ropa en la lavadora y después lleva la toalla al baño.
- Cuando paso algunos papeles a algún compañero de trabajo o algún cliente, siempre pone 2 clips.

Parecen cosas muy tontas, de las que uno puede prescindir o cambiar a su antojo. Pero si se salta "las reglas" le genera mucha ansiedad al pensar lo que podría pasar. Si no lo hiciera pasaría algo malo seguro, a veces se da cuenta de que es una tontería, pero lo hace de todas formas. No hacerlo sería tentar a la suerte.

Regina, 25 años

Desde siempre Regina ha pensado lo peor de sí misma.

. . .

Ella siempre pensaba que era una fracasada, que no era nada agradable y que nadie tenía por qué agradarle. En muchas ocasiones también llegaba a pensar que era una persona terrible. Pero cuando cumplió 22 años el odio que se tenía a ella misma se volvió peor.

Regina empezó a preocuparse por la posibilidad de que se pudiera volver peligrosa, de poder hacerle daño a los demás.

Ella dice que es imposible describir lo que era esa sensación, por lo que empezó a evitar a todo el mundo para no caer en la tentación de querer hacerle daño a alguien.

Un día Regina leyó un artículo sobre un violador y asesino, lo primero que pasó por su cabeza fue: ¿y si yo me pudiera volver así de mala? Después de eso, los artículos y los periódicos se unieron a la larga lista de cosas a las que le tenía miedo.

Debido a que ella se empezó a preguntar si las historias y todo lo que leía de alguna manera le pudieran contaminar la mente y hacerla una persona peor de lo que ya era. Por esta razón empezó a evitar los periódicos. Dejó de pasar frente a las tiendas que los vendían, dejó de tocarlos y dejó de pasarlos a la gente y, por último, evitaba pensar en ellos.

Sus viajes en tren se volvieron horribles, mantenía la cabeza baja y la agitaba constantemente para tratar de deshacerse de cualquier imagen que hubiera podido llegar a ver accidentalmente. Regina estaba atrapada en su propia burbuja de miedo.

Alicia, 24 años

Todo empezó cuando Alicia se dio cuenta de que los pensamientos que tenía eran irracionales, pero a pesar de eso ella no podía controlarlos. Cada minuto de cada día se le vienen a la mente imágenes aterradoras de infección. Las plagas de insectos son su mayor miedo. Ella me decía que, si sus pensamientos se convirtieran alguna vez en realidad, ella tendría tanta ansiedad que dejaría de poder respirar.

Los insectos viven en el suelo y el suelo no se puede evitar, por lo que Alicia sabe que sus zapatos y sus calcetines con frecuencia están contaminados. Si ve algo que parece un insecto desde el rabillo del ojo, la ansiedad la empieza a golpear. Sus zapatos y sus calcetines inmediatamente se ponen sucios aun cuando ni siquiera tuvieron contacto con el insecto imaginario. Entonces evita tocarlos y con frecuencia los tira o los deja en la calle y camina descalza hacia su casa. También cada que se quita los zapatos tiene que hacerlo sin usar sus manos. Hay algo que Alicia siempre ha deseado y es que ojalá la gente no la mirara raro por hacer eso en medio de la calle, pero también desearía poder tener una vida normal.

Natalia, 30 años

El caso de Natalia también es muy peculiar, cada que ella se quita la toalla para secarse su cuerpo o la cabeza, lo único que le viene a la mente es la imagen de su cadáver siendo trasladado en una camilla, es horrible ya que, si ella piensa que va a pasar, su cabeza lo convierte en algo demasiado probable.

La única solución para ella era pedirle a alguien más que quitara la toalla de su vista, de esta manera ella podía detener ese pensamiento en el que imaginaba su cuerpo sin vida y ella a lado.

Natalia estudió psicología y le diagnosticaron TOC mientras estaba en la universidad. Cuando aprendió sobre la teoría de la evolución dejó de creer en Dios y empezó a pensar en sí misma como un organismo natural, que no iría ni al cielo ni al infierno, sino que se descompondría como una planta.

Ella ahora entiende cómo fue que desarrolló TOC en esa época. Como la inevitabilidad de la muerte es tan abrumadora, nos centramos en cosas como la religión o la política para amortiguar el concepto de la muerte. Cuando aprendió el punto de vista científico, se quedó sin fe para protegerse de la inevitabilidad de la muerte.

Aprender sobre la evolución combinado con la pérdida de su visión del mundo le dio tanta ansiedad que inconscientemente trató de retomar el control a través de comportamientos obsesivo-compulsivos. Ahora, la teoría de la evolución la hace sentir más segura, al aprender sobre cómo evolucionaron nuestros ancestros y sobre las rutas que tomaron, la ayudó a entender por qué existe hoy, de dónde viene y hacia dónde va.

Roberto, 17 años

De niño Roberto empezó a tocar las cortinas por horas, luego el closet, su cama, contar hasta cuatro, todo eso se volvió su obsesión. Hoy tiene 17 años, los años anteriores desde que tenía 5 años han estado plagados por el TOC. No tardó mucho tiempo para que el TOC cambiara de forma, pensaba que el humo de cigarro, el humo de los carros podía afectar su salud, al grado de morir, aunque estuvieran a metros de distancia.

Luego pensaba que el olor del alcohol podría matarlo. Finalmente se convenció de que era una mala persona y se maldecía en su cabeza, una y otra vez, por primera vez pensó que se estaba volviendo loco.

. . .

Roberto asistió con más de 40 doctores, finalmente encontró su respuesta, solo tenía una opción, tratamiento de exposición y prevención de respuesta, enfrentar sus miedo. Después de dos sesiones ya no se golpeaba. Le enseñaron que es humano y que por ese simple hecho tiene mucho valor. Hoy en día realiza sus exposiciones y técnicas que le enseñaron, pero su vida ha cambiado completamente para mejor. Se siente muy feliz, finalmente recuperó su vida, con las dos manos, y ahora despierta con ganas.

Mi experiencia conviviendo con gente con TOC

Por último, voy hablar de mi experiencia conviviendo con una persona con TOC, ya que mi mejor amiga sufre de eso, por lo que creo que también es importante ver desde afuera la situación, si es que conoces o convives con alguien que sufre de este trastorno.

Roberta es una mujer de casi 25 años. Lleva una melena rubia que le llega a los hombros y es de figura extremadamente delgada, esto se puede notar por sus dedos huesudos, con las uñas pintadas con esmalte negro, en los cuales se dibujan algunos de los tatuajes que tiene esparcidos por el resto del cuerpo. Con frecuencia tiene una mirada fija y rara vez sucumbe a la manía de lanzar expresiones faciales. Sus uñas no tienen una forma concreta, quizá por esa costumbre de morderlas o rastrillarlas contra sus dedos cuando está concentrada por algo. Es una mujer de pocos amigos, callada, seria y esencialmente enigmática. Uno piensa que ella es de una forma, y luego ¡boom! Es todo lo que uno no espera, y eso asusta un poco.

Su habitación está totalmente pintada de blanco, incluidos los muebles, las ventanas y los juegos de cama, aunque uno puede encontrar pequeñas variaciones en algunas cobijas verdes o rosa pastel, que contrarrestan de forma relativamente extraña con un armario lleno de camisetas de bandas de rock clásico, vestidos cortos y vaqueros rotos. Sobre su cama hay dos pequeños cajones de madera con dos materas miniatura de color blanco, las cuales tienen dos plantas que no parecen seguir con vida. En la siguiente caja hay una caja aún más pequeña de terciopelo, un perfume y la fotografía de ella junto a un hombre alto de barba y sonrisa amplia: es su hermano mayor. Si bien el blanco permite generar un espacio más pulcro, en esta habitación resulta agobiante y aburrido.

Es una mañana fría de marzo y no se necesita saber el mes para intuir la llegada de la semana santa.

Roberta se levanta y el viento frío que se cuela por la ventana le anuncia que no se esfuerce en abrir la cortina, porque ese pequeño rayo de sol que tanto le gusta ver al despertar no va a estar allí, porque es marzo y viene una semana en la que nunca hace sol. Siente ese dolor emocional que la ha acompañado desde que tiene uso de razón, lo siente cada mañana, y en cuestión de segundos, se convierte en un dolor físico, le duelen los huesos, la cabeza y experimenta decaimiento. Con los dedos intenta cubrirse de nuevo y volver a dormir, pero los estruendos que provienen de la cocina, hechos por los quejidos de su madre y sus reclamos de colaboración familiar, hacen que Roberta descarte más minutos de sueño. Toma un respiro largo e incorpora la mitad de su cuerpo, luego inhala más fuerte y se incorpora totalmente, da unos torpes pasos hasta el espejo recargado al lateral derecho de su habitación y se observa. ¡Maldita sea! Se durmió con la ropa que llevaba el día anterior.

Durante el desayuno mira el rostro lleno de expectativas que muestra su madre, sabe lo importante que es para esa mujer verla comer hasta el último gramo de comida, así que reúne fuerzas y se termina todo, aunque por un instante se nota la duda entre acabarlo en silencio o iniciar una discusión sobre su autonomía para alimentarse. Se declina por hacer feliz a aquella mujer cercana a los 56 años, que la mira con el nerviosismo de un deportista antes de llegar a la meta, lo que la hace sonreír soltando ciertas carcajadas antes de levantarse y volver a su habitación, no sin antes darle un beso en la frente a Blanca, su madre, que ahora se muestra complacida.

Sentada en el borde de su cama comienza el primer debate antes de que sean las 8:00 a.m.

Quiere arroparse de nuevo, ver series, no salir en el día,

pero no ha pasado ni una semana desde su última crisis. Aquella no fue peor que otras, pero a esta edad y con tantas cosas por hacer ya no se puede dar el lujo de tener una cada semana.

Había estado por tres o cuatro días encerrada en su habitación con la misma ropa y saliendo solo para lo necesario. Durante aquellos días su hermano mayor la había llamado y había notado la nueva crisis.

Él le comentó: Llevo días viéndote el mismo suéter y las cortinas cerradas ¿Qué está pasando? pero Roberta se había escapado de la video llamada.

Desde hace un tiempo, a ella le gusta lidiar con su enfermedad sola, porque recaer y obligarse a levantarse la hace más fuerte y sabe que su vida va a estar llena de estos vacíos. A veces, levantarse tiene el mejor sabor del mundo, aunque no siempre es así.

Descartando la posibilidad de quedarse en cama, se levanta y comienza a alistarse para empezar sus rutinas, que hacen parte de una necesidad vital que le permite seguir viviendo, pero a la vez la acosan con la monotonía. "Es como si el mismo día iniciara una y otra vez, soy consciente de que siempre hago lo mismo, pero no puedo parar porque cuando cambio algo es como si un millón de afiladas cuchillas me apuñalaran el cerebro, y una vez, y otra, pienso qué no hice eso, qué cambié y la ansiedad se vuelve un dolor corporal", dice Roberta.

Cada día se levanta a las 6:00 a.m. como si tuviera un despertador interno que no le permite dormir después de esta hora, y su vida se ve organizada por manías y rituales que lleva practicando por más de cuatro o cinco años, si bien algunas cosas varían, el esquema es básicamente el mismo.

A las 8:00 a.m. Roberta entra al gimnasio que queda a siete cuadras de su casa, sube las 32 escaleras que cuenta cada día, como si uno de esos días alguno de los escalones fuera a desaparecer y sonríe cuando cuenta el número 32; después, saluda a los entrenadores con una voz baja y sin mirarlos a los ojos. "Me da pena, yo sé que ellos se dan cuenta y les dará risa, pero si no lo hago así me entra el desespero y los pensamientos se me revuelven todo el día", reconoce ella.

Comienza encendiendo la trotadora a una inclinación de 4, nunca más y nunca menos, a una velocidad de 4,5, nunca más y nunca menos, escoge la que está en el centro, nunca otra, porque le gusta la vista y contar los segundos que se demora el semáforo, que está pasando la calle, antes de cambiar de rojo a verde o de verde a rojo. Después de veinte minutos del ritual se baja y camina hacia la máquina de peso. Allí hace cuatro series de 30 repeticiones, siempre la misma cifra; luego se baja, toma una colchoneta, una pelota y comienza a elevarla para hacer 4 series de 30. Al final se sienta, limpia todo y, sin estirar, se marcha, ya han pasado 40 minutos y ella prefiere no pasar de ahí ni hacer menos. "La conozco hace años, incluso ella estaba en mi colegio y se comportaba igual, siempre demasiado seria, llega, entrena y no le habla a nadie, entrena y se va.

No sigue recomendaciones, y en todos los años que la he visto venir, siempre, siempre, siempre hace los mismos ejercicios, nunca cambia, son los mismos", describe Leonel, entrenador de Roberta.

Después de que Roberta nació, cuando comenzó a crecer, mostraba signos de violencia. No creaba vínculos con los niños de su edad y prefería el silencio en cada momento, desaprobaba cualquier cercanía con sus hermanos o cualquier persona que no fuera su madre. "No le dábamos juguetes porque los rechazaba, la echaron de su primer jardín por ser agresiva con los maestros y otros niños a los cinco años", recuerda Nancy, madre de Roberta.

Los síntomas llegaron desde la niñez. Odiaba los juguetes, y cuando le agradaba uno, sentía una ansiedad terrible cuando lo destapaba para jugar con él. Luego de 10 o 15 minutos, siempre empezaba a llorar y se quejaba durante horas diciendo: "¿Así no venía, cierto? Así no venía". A veces, el solo hecho de abrirlo le generaba una angustia terrorífica, por eso prefería dejar de jugar por completo con cualquier clase de muñeco.

. . .

Para su mamá era abrumador que, la hija que tanto había deseado desde su juventud, fuera ahora ese pequeño ser tan quejumbroso y amargado. Había soñado con poder hacerle peinados, regalarle muñecas y juguetes, verla crecer, pasar por las etapas de modas, belleza y noviazgos. Pero, al estar allí para ella, cuando Roberta comenzó a mostrarse tan callada y resistente, supo que su vida juntas estaría más allá de una crianza soñada y normal.

Aun así, un gran amor en su corazón le permitió adaptarse, era consciente de que su hija no era normal y se armó de un caparazón para protegerla de todo lo que le sobrevino en el camino.

Se han presentado casos clínicos en los que un paciente que tiene síntomas como: aislarse y vivir en un estado permanente de negatividad o violencia, es diagnosticado con depresión y tratado sin obtener resultados relevantes, debido a una mala prescripción. Dichos síntomas, si bien pertenecen a esta enfermedad psicológica, también pueden dar indicio de otros trastornos. Para ejemplificar esto de una manera más clara, basta imaginar a una persona que sufre de mal aliento y recibe tratamiento odontológico durante años, pero el mal aliento no se soluciona, sino que empeora con el tiempo, y al final descubren que tiene un daño en el hígado que ha provocado esta condición. En este caso, nunca se cura su enfermedad porque ha estado aplicando un tratamiento para algo diferente. El tratamiento psicológico y/o psiquiátrico es similar y, en casos como el de

Roberta, debe ser constante y permitir la observación cercana, para notar cualquier cambio o alteración en la personalidad o en la sintomatología.

A los 12 años, por primera vez, ella fue llevada a psicología y psiquiatría. Después de algunas citas, le recetaron el tratamiento farmacológico para la depresión "Fluoxetina". La toma del medicamento nunca rindió cambios favorables y los síntomas fueron apareciendo de manera más notoria. Su familia había creado casi un globo invisible alrededor de ella, para evitar que algo o alguien le hiciera daño. Sus hermanos y sus padres intentaron de todo para no dejar que se enfrentara a ciertas situaciones de la vida cotidiana.

Los síntomas de TOC pueden confundirse con ansiedad y/o depresión, incluso se pueden sufrir ambas patologías al mismo tiempo. Una de las características más relevantes es que una obsesión o compulsión no le permite al paciente cumplir con su trabajo, estudio o relaciones interpersonales, ya que sus pensamientos o manías son demasiado persistentes. El TOC de obsesión pura se basa en generar pensamientos perturbadores, negativos y atormentadores de sí mismos o del entorno que los rodea. Si bien a veces las personas que sufren este tipo de TOC son conscientes de su patología, no tienen la capacidad de parar los pensamientos e ideas que no les permite avanzar en sus actividades.

En el caso de Roberta, hay situaciones de la vida cotidiana que le causan ansiedad y desembocan en rabia. Cuando iba a clase y empezaban a explicar un tema, ella quería concentrarse, pero después de una hora no había entendido nada, porque sus pensamientos no se organizaban ni se lograba centrar, en parte, porque al estar en un lugar con tantas personas, sentía miradas sobre ella, desaprobación e incomodidad de manera tan repetitiva, que no descansaba. Tampoco entendía las ideas con claridad, así que la angustia y tensión empezaban a subir y se somatizaban, por lo que experimentaba sudoración, falta de aire y palpitaciones rápidas, que en ocasiones la obligaron a abandonar el salón de clase.

"No entendía nada y sentía que era estúpida, mi cabeza me decía que jamás iba a ser tan inteligente como mis hermanos, le rogaba a Dios porque no me preguntaran o porque nadie me viera.

En ocasiones las personas creían que era antipática o crecida, porque en trabajos de grupo siempre pedía hacerme sola, jamás me sentaba al lado de nadie y jamás miro a nadie directamente a los ojos, porque si me permito mostrarme débil o acercarme a alguien, voy a empezar a pensar durante el día que caí mal, que hice algo mal, que soy estúpida, que no puedo hablar, que no puedo hacer amigos, que soy un fracaso, así que prefiero evitar esas situaciones, no dándole entrada a nada. No es como sentirse rechazada, porque eso nos pasa a todos, lo mío son pensamientos que se repiten demasiadas veces, y como me quedo en eso, cuando me doy cuenta el día ya se ha acabado", dice ella.

. . .

Roberta ha experimentado durante toda su vida el terror de sus inseguridades y miedos, sin la posibilidad de enfrentarlos, porque cada vez que lo intenta, eso desencadena una multitud de pensamientos caóticos que la obligan a forjarse una careta de mujer fuerte, sería, odiosa y solitaria. Esta fachada esconde a aquella niña aterrorizada que solo quiere callar su mente, al menos por unos minutos.

Conclusión

Algunas personas son más pulcras y ordenadas que otras naturalmente, pero alguien que sufre de trastorno obsesivo compulsivo lleva la pulcritud al siguiente paso, en un grado extremo. Una víctima pasará muchas horas ordenando, limpiando, revisando y volviendo a revisar que los objetos estén en orden, etc. hasta el punto de interferir con su vida cotidiana.

Una obsesión es un pensamiento, idea o imagen recurrente que, aunque no tiene mucho sentido, seguirá invadiendo tu mente. Un ejemplo puede ser la idea de dejar la puerta abierta, reconoces este miedo como irracional pero no puedes sacarlo de tu mente, por lo tanto, verificas y vuelves a verificar repetidamente que la puerta esté cerrada.

Una compulsión es el ritual que se realiza para disipar la ansiedad provocada por la obsesión. Un ejemplo sería lavarse las manos continuamente para descartar el miedo a estar sucio o contaminado. Te das cuenta de que este ritual no es razonable, pero te sientes obligado a llevarlo a cabo para evitar la ansiedad asociada con la compulsión.

Las obsesiones pueden ocurrir independientemente de las compulsiones, se cree que alrededor del 25 por ciento de las personas que las padecen solo lucharán con las obsesiones, por lo que el miedo está ahí pero no se sienten obligados a realizar el ritual para liberarse de la ansiedad.

La más común de las compulsiones sería el ritual del lavado de manos. Estarías continuamente muy preocupado por evitar cualquier contaminación que evite entrar en contacto con cualquier cosa asociada con la suciedad o los gérmenes, un ejemplo aquí sería estrechar la mano de alguien o incluso tocar la manija de una puerta. Literalmente, podrías pasar horas lavándote las manos para reducir tu ansiedad por la contaminación.

Se cree que las mujeres son más propensas a ser compulsivas con la limpieza, pero los hombres superan en número a las mujeres cuando se trata de revisar y volver a revisar artículos, como en el ejemplo de verificar repetidamente si una puerta está cerrada con llave.

El trastorno obsesivo-compulsivo suele ir acompañado de depresión y, en algunos casos, también puede convertirse en una evitación fóbica, por ejemplo, una persona que lo padece evitará por completo los baños públicos. El comportamiento obsesivo-compulsivo se consideró en un momento un trastorno raro, pero estudios recientes han demostrado que el cuatro o el cinco por ciento de la población mundial puede sufrir este trastorno en cierto grado.

Conclusión

Es importante que cualquier persona que tenga un trastorno obsesivo compulsivo se dé cuenta de que no tiene nada que ver con estar loco o tener una forma de locura.

Reconoce que lo que está haciendo es irracional y está muy frustrado porque no puede controlar sus pensamientos y acciones.

Los estudios han demostrado que aproximadamente la mitad de todos los trastornos obsesivo-compulsivos en realidad comienzan en la niñez y la mayoría de los casos restantes se desarrollan en la vida adulta temprana, un número bastante pequeño de casos aparecerá en la vida posterior.

La causa del trastorno obsesivo-compulsivo no está clara, pero existe alguna evidencia de que una deficiencia de serotonina puede estar asociada con este trastorno. Esta línea de pensamiento se debe al hecho de que algunos pacientes mejoran cuando se les recetan medicamentos que aumentan los niveles de serotonina.

Si crees que tu o un ser querido pueden estar sufriendo un trastorno obsesivo-compulsivo, comunícate inicialmente con tu médico de cabecera, quien, si es necesario, puede derivarte a un especialista que tenga experiencia en este trastorno y podrás comenzar con el tratamiento correcto. Recuerda, hay ayuda disponible, no tienes que sufrir en silencio.

www.ingramcontent.com/pod-product-compliance
Lightning Source LLC
LaVergne TN
LVHW021721060526
838200LV00050B/2777